本书受到贵州大学博士硕士授权点建设及产业导师支持经费、
贵州大学学科增比进位计划经费的资助

混改背景下
国有企业决策权配置
与投资决策研究

HUNGAI BEIJING XIA GUOYOU QIYE

JUECEQUAN PEIZHI YU TOUZI JUECE YANJIU

许为宾　著

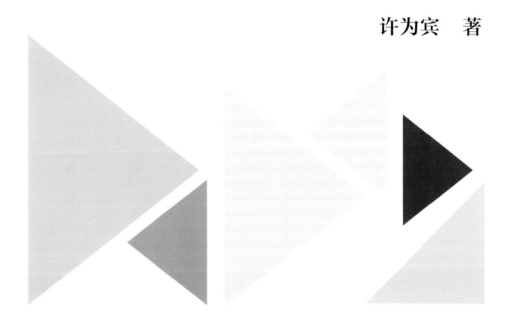

中国财经出版传媒集团
经济科学出版社
Economic Science Press
北京

图书在版编目（CIP）数据

混改背景下国有企业决策权配置与投资决策研究 /
许为宾著 . -- 北京：经济科学出版社，2024. 8.
ISBN 978 - 7 - 5218 - 5973 - 7

Ⅰ. F279. 241

中国国家版本馆 CIP 数据核字第 2024D23X87 号

责任编辑：张　燕　李　宝
责任校对：蒋子明
责任印制：张佳裕

混改背景下国有企业决策权配置与投资决策研究

许为宾　著

经济科学出版社出版、发行　新华书店经销
社址：北京市海淀区阜成路甲 28 号　邮编：100142
总编部电话：010 - 88191217　发行部电话：010 - 88191522
网址：www. esp. com. cn
电子邮箱：esp@ esp. com. cn
天猫网店：经济科学出版社旗舰店
网址：http：//jjkxcbs. tmall. com
固安华明印业有限公司印装
710 × 1000　16 开　11. 25 印张　200000 字
2024 年 8 月第 1 版　2024 年 8 月第 1 次印刷
ISBN 978 - 7 - 5218 - 5973 - 7　定价：59. 00 元

序　言

　　在这样一个阳光明媚的日子里，很高兴看到国内公司治理领域的青年学者，贵州大学管理学院许为宾教授的个人学术专著《混改背景下国有企业决策权配置与投资决策研究》即将付梓出版，不禁感慨良多。

　　中国国有企业改革近 40 年历程中，有一条清晰的逻辑线索，就是在国有企业中建立现代企业制度，提升国有企业竞争力。这一逻辑线索本质上表现为通过强调公司治理尤其是法人治理结构建设，来提高国有资本配置效率。而公司治理的核心内涵，是在内外部治理机制共同作用下，实现决策权力制衡和决策科学化（李维安，2001）。也就是说，对国有企业而言，实现决策权力的优化配置和科学决策是提高国有资本配置效率的一项必要条件。而与国有资本配置效率问题最紧密相关的战略决策是投资决策。国有企业的投资决策问题也一直是学术界研究的热点问题。而当前中国宏观经济发展的下行压力，使得该问题的重要性再次凸显。因此，当前国有企业改革研究中的一个关键问题，就是国有企业在法人治理结构框架中如何优化决策权配置，进而改善投资决策的经济后果。

近年来，混合所有制改革不断深入，国有企业混合所有制改革的一个基本原则便是引入非国有资本参与到国有企业中来，积极参与国有企业的治理活动。随着国有企业混合所有制改革进程的不断推进，国有企业的所有者由单一主体演变为多个性质不同的行为主体，不同类型所有者之间在组织发展目标上存在较大差异，多个目标的博弈与融合将决定新的决策权配置方式，这无疑会影响到企业的投资决策行为。由此引发的问题是：国有企业混合所有制改革会如何影响企业决策权配置方式，进而影响企业投资决策的经济后果？而该问题在这本书中得到了很好的解答。

由于研究对象的特殊性和数据收集的困难，书中难免有一些不尽如人意、挂一漏万的地方。但总体上来说，许为宾教授这本个人学术专著是我国国有企业治理领域中的探索性成果。这部学术专著也体现了一位中国高校青年教师和学者长期在求学路上求真务实、不浮不躁的心路历程。作为许为宾的博士生导师，感记以上文字。祝为宾学术之心常在，学术之树长青。

周　建

南开大学商学院

2024 年 7 月

前　言

　　本书围绕所提炼的科学问题"国有企业混合所有制改革会如何影响企业决策权配置方式，进而影响企业投资决策的经济后果"，通过实证研究，对混合所有制改革背景下的国有企业决策权配置与投资决策关系进行了深入分析。明确了国有企业决策权配置的评价与测度，分析和检验了国有企业混合股权制衡对决策权配置模式的影响，以及决策权配置模式对企业投资决策的影响，在此基础上，对混合所有制改革背景下的国有企业决策权配置典型案例进行了总结，并提出了优化决策权配置、提升投资效率的相关政策建议。研究结论如下所述。

　　（1）国有企业决策权配置模式可以分为行政主导型和经济主导型两种类型。经济主导型决策权配置模式包含四个测量维度：行政介入性、董事会经济性、总经理自主权和决策参与性。

（2）混合股权制衡度的提升会促使企业更有可能构建经济主导型决策权配置模式；国有＋外资混合股权结构与经济主导型决策权配置模式正相关；国有＋民营混合股权结构与经济主导型决策权配置模式正相关；国有＋外资＋民营混合股权结构与经济主导型决策权配置模式正相关，其中，国有＋民营＋外资的混合股权结构的影响效应最大。进一步考虑企业行政隶属级别和类型的影响发现，混合股权制衡度对经济主导型决策权配置模式的影响，在中央国有企业和商业类企业中更显著。

（3）经济主导型决策权配置模式与创新投资和投资效率均呈现显著正相关关系，且这一关系在市场化环境较好的地区、中央国有企业和商业类企业中更显著。进一步检验发现，经济主导型决策权配置模式在混合股权制衡度与投资决策之间发挥中介效应。

（4）依据检验结果和国有企业分类改革思想，建议措施如下：一是进一步完善政策体系，分类推进国有企业混合所有制改革；二是转变思维，分类优化混合所有制改革后的企业决策权配置；三是分类完善混合所有制改革后的国有企业高管队伍建设；四是优化内外部治理环境和投融资机制建设，促进投资决策质量提升。

目　　录

第 1 章

绪　　论

1.1　研究背景与研究问题

1.1.1　研究背景

中国经济体制转型背景下的国有企业，是现代企业制度在中国导入的一种经济组织。国有企业由于在经济发展中的重要地位而长时间受到关注。自 20 世纪 80 年代末 90 年代初开始逐步确立市场经济政策的改革之初，国有企业的改革从未停止。在 2015 年中共中央、国务院印发的《关于深化国有企业改革的指导意见》中，对于国有企业改革面临的问题表述，已经将注意力更加集中于中国国有企业的公司治理领域，诸如：

"一些企业市场主体地位尚未真正确立，现代企业制度还不健全，国有资产监管体制有待完善，国有资本运行效率需进一步提高；一些企业管理混乱，内部人控制、利益输送、国有资产流失等问题突出，企业办社会职能和历史遗留问题还未完全解决；一些企业党组织管党治党责任不落实、作用被弱化。面向未来，国有企业面临日益激烈的国际竞争和转型升级的巨大挑战……"

正如钱颖一（2003）对于国有企业的改革所指出的问题一样：借助公司治理理论可以将这种困境清楚地表现为政府控制与代理人问题无法同时缓和的画面。国有企业改革始终在寻找一种既不损害利益相关者，又能提高效率的方式。而以上约束条件下所描述的画面并不意味着国有企业的发展困境，相反，它所反映的现象在于，对于国有企业而言，如何在国有企业的形式下管理如此众多而有价值的、各具特征的稀缺资源，以此来创造价值。国有企业需要形成一种富有成效的利益相关者关系管理，符合国有企业政企混合的委托代理结构，以及均衡的企业目标集合协调，上述过程汇集的核心仍然是为国有企业构建科学的公司治理机制（陈清泰，2003）。

中国国有企业改革历程中，有一条清晰的逻辑线索，就是在国有企业中建立现代企业制度，提升国有企业竞争力。这一逻辑线索本质上表现为通过强调公司治理尤其是法人治理结构建设，来提高国有资本配置效率。而公司治理的核心内涵，是在内外部治理机制的共同作用下，实现决策权力制衡和决策科学化（李维安，2001）。也就是说，对国有企业而言，实现决策权力的优化配置和科学决策是提高国有资本配置效率的一项必要条件。而与国有资本配置效率问题最紧密相关的战略决策是投资决策。国有企业的投资决策问题也一直是学术界研究的热点问题。而当前中国宏观经济发展的下行压力，使得该问题的重要性再次凸显。因此，当前国有企业改革研究中的一个关键问题，就是国有企业在法人治理结构框架中如何优化决策层权力配置，进而提高投资决策质量及其经济后果。

关于决策层的权力配置问题，主要是通过现代公司治理架构中所有权和控制权的分离演化而来的（李维安，2013）。而国有企业特别是中央企业由于在股权结构上缺乏多元化主体和所有权虚置，使国有企业的决策机制实际上多为"一言堂"，从而在很大程度上影响了企业投资决策质量及其经济后果。2015 年，国务院印发《关于国有企业发展混合所有制经济的意见》，明确指出要"鼓励各类资本参与国有企业混合所有制改革，建立健全混合所有制企业治理机制"。这在解决国有企业股权结构单一和所有权虚置问题的同时，实际上将会使其决策层的权力配置问题，交织于现代企业制度所诉求的以多元化治理主体为基础的公司治理机制中。而不同性质的所有者具有差异化的治理动机和目标，对企业决策权有不同的要求。所有者为了捍卫自身利益及其治理目标的实现，会选择不同的方式介入企业控制权的争夺（Sujit Sur et al.，2013）。也就是说，国有企业混合所有制改革所导致的企业决策层权力配置的约束主体多元化，将直接诱致投资决策的约束主体多元化，进而改变其决策的经济后果。

1.1.2 研究问题

国有企业如何在追求高质量发展过程中，通过合理的决策权配置，提升其投资效率，一直是政府、学界和企业界共同思考的重要问题。事实上，改革开放 40 多年来，国有企业改革的管理实践，是持续导入现代企业制度的过程。实质上是构建法人治理结构，以实现企业科学决策的过程。法人治理结构的本质，是公司治理思想。自 2012 年 11 月党的十八大以来，混合所有制改革已成为中国国有企业改革的重要突破口。混合所有制改革背景下的企业改革，本质上不仅涉及持续深化原有的现代企业制度的导入，而且更是对现代企业制度核心董事会制度的纵深拓展。在相关的管理实践中，尤以云南白药控股和中国联通的混合所有制改革最为典型。混合所有制改革完成之后新组建的公司董事会中，均有多种资本形态的战略投资者进入。

因此，中国情境下的混合所有制改革政策设计这样的制度供给，加上其他中国社会经济背景的变化，比如中美贸易摩擦，民营企业和企业家精神的社会激励等问题，就凸显出企业战略决策和公司治理实践中如何重构公司战略决策话语权的现实问题。而决策权配置作为企业的核心治理机制，如何实现权力的有效配置，直接关系到其能否发挥有效的治理职能，进而影响企业投资决策的有效性及其经济后果。因而，对于国有企业投资决策问题进行研究的一个新视角，就是探求作为企业投资决策行为主体的决策权配置形态和过程，以此作为投资决策的前置动因展开研究。

基于上述分析以及当前中国国有企业改革实践，围绕公司治理的核心焦点——权力制衡基础上的决策科学性，本书研究的科学问题是：混合所有制改革会如何影响企业决策权配置方式，进而影响企业投资决策的经济后果？这一问题涉及公司治理领域的重要研究问题，即什么样的制度设计能够确保企业决策层权力配置的合理性，进而保障投资决策的科学性及其良好的经济后果。上述问题可以分解为以下四个子问题：一是混合所有制改革究竟如何影响国有企业控制权配置模式；二是控制权配置模式究竟如何影响企业投资决策；三是混合所有制改革和控制权配置模式在影响企业投资决策中的关系究竟是什么；四是有什么措施可以改善国有企业决策权配置和投资决策行为。而在上述问题的研究过程中，需要解决的关键问题如下所述。

（1）国有企业党组织究竟如何介入企业投资决策？

该问题事实上是对党组织的公司治理与战略决策角色的重新审视。对该问题的研究，旨在理顺党组织在企业重大投资决策过程中的角色定位及职责分工，为后续研究作铺垫。党组织在公司治理中的地位如何？党组织究竟运用何种媒介工具影响企业投资决策？在投资决策制定与执行的各个阶段，党组织分别发挥了什么治理作用？如果不能解决上述问题，那么本书的后续研究也就变成了无源之水、空中楼阁。因此，这一问题成为本书要解决的一个关键问题。

（2）如何解析国有企业决策层的权力配置问题？

在公司治理和战略管理研究领域，决策层的权力问题并不是一个新问题。在公司治理的代理理论框架，以及战略管理的高阶理论框架中，静态决策权配置结构对企业经济行为的影响研究繁多。现有文献主要从董事长和总经理两职合一或分离视角，研究决策层权力配置对组织效率的影响。但对国有企业来讲，其并不是一个单纯的经济组织，而是包含着较多政治因素的政治经济混合型组织。党组织在国有企业权力配置中的状况如何，就成为一个不可忽视的因素。那么，在国有企业决策层权力配置中，一方面，要考虑党委书记、董事长和总经理之间的权力结构问题；另一方面，党组织、董事会和高管层是三个不同的小团队，团队成员之间又存在交叉任职的情况。那么党组织、董事会和高管层三个团队之间以及各自团队内部的权力配置，也是不可忽视的重要问题。因此，当企业决策层权力配置体现出组织边界扩展时，仅靠现有研究的解释开始出现不足。如何从经济型治理和行政型治理两方面相结合，解析国有企业决策层权力配置问题，就成为本书的关键问题。

（3）如何证明国有企业决策权配置是其投资决策不可忽视的前置因素？

公司治理和政府干预的相关理论是解释国有企业投资效率问题的重要理论。但是，在当前社会经济背景下，难以解释的是，为什么公司治理机制相同的企业，其投资效率却迥然不同？在当前政府干预逐步降低的情况下，为什么国有企业的过度投资问题却依然严重？因此，在当前国有企业进行混合所有制改革的背景下，需要从新的视角对国有企业投资决策问题进行解释。

项目构建的基于党组织参与的国有企业决策权配置概念，在于将市场机制与政府行政两种不同的治理机制，合理地融入国有企业内部的权力配置中，并根据国有企业的分类改革与发展进行动态调整，最终实现国有企业决策权配置的合理性在投资决策中的价值。更进一步来说，在马克思看来，从来就没有纯粹的经济科学，资源只能在特定的权力关系下进行配置。在公司治理理论和实践中，企业投资决策及其经济后果取决于决策权主体和决策机制的设计或制度性安排。从这一角度出发，不难理解，国有企业的投资决策及其经济后果，本质上取决于是否具有某种合理的权力配置机制，并以之作为提高企业资本配置效率的制度性能力。因此，解决这一问题意味着将铺平本书的逻辑基础。

1.2 研究目标与研究意义

1.2.1 研究目标

根据本书提炼的科学问题"混合所有制改革会如何影响企业决策权配置方式，进而影响企业投资决策的经济后果"，本书围绕公司治理的核心焦点——权力制衡基础上的决策科学性（李维安，2011），运用公司治理和战略管理领域的主流经典理论，针对中国国有企业领导管理体制的特殊性，探索在当前国有企业混合所有制改革背景下，作为国有企业战略决策主体的党组织、董事会和高管层，如何利用合理的权力分布状态，进行科学投资决策的内在逻辑。以此还原、解构和丰富中国国有企业投资决策的动态实践，为国有企业价值创造和竞争力提升奠定坚实的认知基础，同时，也为全球公司治理与投资决策研究增加中国情境下的参照物。具体目标如下所述。

（1）通过考察国有企业混合所有制改革如何影响企业控制权配置选择，从股权角度揭示国有企业如何解决组织问题的内在规律，深化国有企业控制权研究领域的理论认知。

（2）解读国有企业控制权配置选择的动因及其与投资行为关系的内在逻辑和动态过程，科学严谨地论证国有企业混合所有制改革影响企业投资行为的主导逻辑，实际上是揭开国有企业混合所有制改革对企业决策作用的中间"黑箱"，即国有企业混合所有制改革通过什么中间桥梁来影响企业的决策行为。

（3）为相关部门合理引导国有企业治理结构优化和投资决策科学化的宏观政策制定提供参考。根据本书研究结论，结合我国的相关政策规定，以及国有企业经营发展的实际情况，提出优化决策权配置、改善投资决策经济后果的基本思路和相应的措施建议。

1.2.2 研究意义

1.2.2.1 理论意义

首先，本书充分考虑中国特色的政党制度，以及国有企业领导管理体制的特殊性，结合当前的国有企业混合所有制改革背景，将国有企业改革的核心问题——如何提高国有资本配置效率，分解为作为国有企业战略决策主体的党组织、董事会和高管层，应该如何优化其权力分布去改善投资决策的经济后果，这样一个细分的研究问题。通过党组织参与视角的研究，为中国国有企业权力分布的合理性及投资决策的有效性，提供一个尝试性的解构逻辑。

其次，奥利弗（Oliver，1997）通过提出"资源资本"和"制度资本"的概念，明确了制度理论在企业战略决策过程中的特殊意义，提出了补充资源基础论和制度理论融合研究的倡议。本书将企业投资决策有效性乃至竞争优势来源，集中于决策权配置这种制度平台，就从一般意义上的组织能力边界，扩展到了制度资本边界。从而，本书是对资源基础论和制度理论的一次有益整合和补充。

最后，在理论上，现有文献关于国有企业投资决策问题的解释主要有两类。一是政治观，主要从政府干预视角进行解读，更多地局限于从外部政府部门的干预行为出发进行研究。二是经理人观，主要是从国有企业经理人的代理问题出发，对国有企业投资决策问题进行研究，且在此过程中，更多地考虑董事会对经理人的监督制约。而本书通过党组织参与视角的研究，一方面将研究视角从外部政府部门转向企业内部党组织，另一方面也从单纯的董事会监督制约扩展到企业党组织的监督制约作用。从而是对当前国有企业投资决策问题研究的拓展和补充，也有助于丰富该研究领域的学术成果和具有中国特色的公司治理理论。

1.2.2.2　实践意义

本书充分考虑中国国有企业正在进行的混合所有制改革，以及中共中央办公厅印发《关于在深化国有企业改革中坚持党的领导加强党的建设的若干意见》的政策背景，寻找在党组织参与企业重大决策的情况下，国有企业混合所有制改革对其决策权配置的影响机制，进而探求提高国有企业投资决策质量及其经济后果的有效途径。

一方面，能够为实现国有企业"老三会"与"新三会"的合理对接，完善国有企业公司治理结构，优化国有企业改革过程中的政企关系、党企关系提供参考。另一方面，对进一步深入探讨、规范中国国有企业特定治理结构下的投资决策模式、提升投资决策质量、提高国有资本配置效率提供借鉴。这有助于重新审视关于国有企业投资决策的影响因素及其作用机理。同时，为理解混合所有制改革过程中，国有企业如何提升投资决策的科学性，促进国有企业决策权配置由"合规"向"有效"的实质性转变提供经验证据。从而有助于推动国有企业以新的思路，更有针对性地进行权力配置，最终有利于推动我国国有企业进行现代企业制度建设。

1.3　研究内容

本书研究的科学问题是：混合所有制改革会如何影响企业决策权配置方

式，进而影响企业投资决策的经济后果？这一问题涉及公司治理领域的重要研究问题，即国有企业的决策权配置问题，如何交织于现代企业制度所诉求的以多元化治理主体为基础的公司治理机制中，进而保障投资决策良好的经济后果，研究内容围绕科学问题展开，具体如下所述。

1.3.1　国有企业决策权配置的测度与评价

该部分内容辅助回答本书科学问题所分解的子问题二。国有企业决策权配置事关决策主体如何有效参与企业重大决策的一整套制度设计，目标是构建实现企业价值创造的制度平台。因此，作为一种制度安排，决策权配置的合理性成为保障企业投资决策科学性的必要条件，而评价决策权配置的合理性就成为实现企业价值创造的客观要求。决策权配置合理性的测度与评价，是根据决策主体在战略决策过程中的交互关系，以决策权配置及权力结构的变化为起点，设计决策权配置合理性评价指标体系和标准，采用科学的评价方法，对企业决策权配置状况作出客观、准确的评价。

在指标量化和测度方面，从现有研究来看，芬克尔斯坦（Finkelstein, 1992）提出了使用客观数据从结构性权力、所有者权力、专家权力和声望权力四个维度测量管理者权力的方法。还有学者采用问卷调查的方法，测量高管成员对其他成员权力大小的主观评价（Smith et al., 2006）。在此基础上，现有文献更注重结构性权力，即权力是否集中在最有权力的领导者手中（通常表现为董事长与 CEO 的两职合一情况），而忽视了权力在整个高管团队的分布是否均衡。而本书将从权力在决策主体之间的集中程度，以及权力在整个决策团队的分布均衡程度，两方面相结合对决策权配置状况进行综合测量，这样就能从"点"到"面"来刻画决策层的权力分布状况。

具体来说，本书关于国有企业决策权配置合理性的测度与指标体系构建，将基于静态配置与动态变化对比展开。在静态配置上，首先将从决策层每位成员的股权、职位、薪酬、学历、声望及其他相关信息来测量决策层成员的相对权力。随后，利用决策层成员的相对权力得分，利用相关统计分析方法，来测量决策层权力在纵向和横向方面的集中程度与均衡程度。动态变化则基于决策层成员的变更与变化展开，如领导职位的更替及不同转化模式、持股比例的变动、部分决策层成员的变更等，在此基础上，测度决策权配置的横向与纵向方面的集中性和均衡性的变化。在方法上除了收集决策层成员的公开背景信息外，还将运用实验和问卷调查、访谈等方法获取关于决策层权力的其他相关信息，最终形成全面合理的决策层权力配置与变化指标体系。

1.3.2 国有企业混合所有制改革对企业决策权配置的影响研究

该研究内容回答了项目科学问题分解的"国有企业混合所有制改革如何影响其决策层的权力分布"的子问题。从已有文献来看，从来就没有纯粹的经济科学，资源只能在特定的权力关系下进行配置，这种权力来自所有权（Galbraith，1983）。因此，所有权会在很大程度上影响一个经济组织的权力分布。国有企业混合所有制改革本质上是对国有企业所有权结构的调整，而差异化的国有企业混合所有制改革，也主要体现在混合主体的性质、持股比例以及股权制衡等方面的不同。不同类型的所有者具有不同的治理动机和目标，为捍卫其自身利益，会根据其持股情况及战略目标，不同程度地介入公司治理机制设计中，进而导致企业决策层的权力分布出现差异。

事实上，当前经济组织内部权力分布的制度设计，主要是借鉴了新制度经济学和公司治理领域的相关理论，通过决策主体面临的问题和权力功能之间的关系来解释权力配置设计。其研究主要是在理性选择制度主义的框架内展开，其基本前提就是：形式和规范是紧密联系的，特定形式的权力分布是具有原则或规范意义的。但混合所有制改革意味着国有企业的权力分布将在多重力量的博弈中进行，这不仅意味着理性自利的行为主体，会根据自身利益采取效用最大化的行为，也意味着特定形式的权力分布所具有的原则或规范意义将会变形。

混合所有制改革将使得国有企业的所有者，由单一主体演变为多个性质不同的行为主体，不同类型所有者之间在组织发展目标上存在较大差异，多个目标的博弈与融合将决定混合所有制企业公司治理制度的主要功能和特征。而决策层的权力分布将影响其治理制度如何组织和实现这种功能。不同类型的所有者为捍卫其所追求的目标的实现，会不同程度地在内部决策层成员的选择上施加影响，最终反映为企业内部决策权配置的差异性。

而具体到进行混合所有制改革的国有企业来讲，一方面，需要探析国有企业进行混合所有制改革后，由于混合主体的性质、持股比例以及股权制衡等方面的差异，党组织是否以及如何在企业权力分布中享有重要地位的问题。这不仅是一个规范性问题，也是一个现实问题。另一方面，需要考虑国有企业进行混合所有制改革后，不同决策主体之间及其内部的权力分布变动情况。尤其是国有企业长期执行的"双向进入、交叉任职"的领导体制（所谓"双向进入"是指，一方面，充分利用国有资产控股的优势，使符合条件的企业党委会成员通过法定的程序进入企业董事会、经理层和监事会；另一方面，使符合条件的董事会、经理层和监事会成员，按照党章及有关规定进入党委会。所谓"交叉任职"，即由一人同时担任企业党委书记和董事长，或党员董事长担任党委副书记，党委书记担任副董事长）以及"双重高管"的权力图谱（一方面是集团高层，另一方面兼任上市公司高管），如何融入企业决策权配置的动态变化中。

总之，在国有企业混合所有制改革背景下，其决策层的权力分布是不同性质的产权所有者相互博弈的产物，它能够反映出不同类型的所有者，在参与国有企业混合所有制改革过程中的理性抉择过程。因此，明晰国有企业在不同混合所有制改革条件下的决策权配置，是理解国有企业混合所有制改革如何影响其公司治理机制的本质要求。

1.3.3 国有企业决策权配置对投资决策的影响机制研究

该研究内容回答了本书科学问题分解的"国有企业决策权配置究竟如何影响企业投资决策"的子问题。从现有文献来看，决策权配置的研究主要聚焦于 CEO 和董事长两职合一或分离的探讨（Krause & Semadeni，2014）。而具体到国有企业，则需要在领导权结构中加入党委书记这一重要变量。同时，在实践中也存在党委书记兼任副总经理或副董事长、CEO 兼任副董事长、CEO 兼任董事等"中间状态"的权力结构模式。那么，在差异化的领导权结构模式基础上，所形成的权力分布状态自然也存在差异。而由权力分布差异所引致的决策主体任意裁量权不同，决策资源、分工及主体利益差异，会使得决策主体之间的互动机制发生变化，进而会影响到企业投资决策的经济后果。该部分拟探索不同的决策权配置状态对投资决策如投资结构、规模、风险承担水平以及投资效率等的影响，并深入挖掘其影响路径和作用机理。

此外，决策权配置状态并不是一成不变的，而是会受到企业内外部诸多因素的影响呈现动态变化，表现为由于领导权结构的变化、决策层成员的更替与继任事件等，所引致的权力分布的集中性与均衡性的动态变化。而从现有研究文献来看，无论是领导权结构的变化还是决策层成员的更替与继任，都存在不同的动态变化模式，这也就意味着决策权配置状态存在差异化的变化模式。从理论逻辑上来看，无论企业决策权配置采取哪一种变化模式，都不可避免地会引发组织中普遍存在的不同权力群体之间的调整与冲突，引起组织战略目标和战略执行能力的变化，最终反映在企业决策层面的变化上。根据这一逻辑，国有企业决策权配置的差异化变动模式会对企业投资决策产生不同的影响。

而众所周知的是，国有企业的投资决策不仅会受到决策权配置的影响，还势必会受到外在制度环境的影响。尤其是对处于转型环境下的中国国有企业来讲，单纯的经济问题的背后，实际上是更深层次的体制环境问题。同时新制度主义的战略管理观点认为，受制度环境因素的影响，企业决策主体对企业战略决策行为的作用非常有限。决策权力分布与决策结果之间的关系还会受到制度环境因素的影响（Krause et al.，2014；Filatotchev et al.，2013）。事实上，国内外多项研究报告已经注意到了制度环境对投资效率的影响，近年来，法律与金融方面一系列研究成果的出现，也彰显出从制度安排视角出发进行研究的重要性。因此，制度环境的影响效应也将纳入该部分研究内容。

1.3.4　基于优化国有企业决策权配置，提升投资决策科学性对策建议研究

该研究内容回答本书科学问题分解的"如何从制度上优化国有企业决策权配置，提升投资决策科学性"的子问题。主要依据前面实证研究所得出的结果，结合我国的相关政策规定，以及国有企业经营发展的实际情况，提出优化决策权配置、改善投资决策经济后果的基本思路和相应的措施建议。

1.4　研　究　方　案

1.4.1　基本研究思路

本书针对混合所有制改革引致的制度变革背景下的国有企业投资决策问题，从公司治理和战略管理领域的主流理论观点出发，辨析混合所有制改革引致的国有企业决策权配置变化，如何影响企业的投资决策及其经济后果。

探索中国国有企业在特殊的领导管理体制下，如何优化党组织、董事会和高管团队之间的权力分布，进而实现企业投资决策科学性的内在逻辑和动态过程。

国有企业混合所有制改革所引致的股权变化，如何通过党组织、董事会和高管层等企业决策层之间的权力分布，影响企业投资决策及其经济后果，是本书研究的出发点。本书以国有企业混合所有制改革为背景，是根据当前国有企业改革实践，从公司治理视角探索国有企业实现权力配置优化、提高企业投资决策质量的重要前置因素。

选择基于党组织参与的国有企业决策权配置作为影响企业投资决策的微观组织机制，在于从战略管理视角来看，企业投资决策作为一项战略决策，从根本上分为战略制定和包含战略控制在内的战略实施两个方面，而这两个方面内含一般意义上的战略控制主体董事会和战略执行主体高管层。从公司治理视角来看，企业中的股东大多并不直接管理企业，而是将企业重大经营决策的相关权力委托给董事会，而董事会又将相关权力委托给高管团队。但是在中国国有企业特殊的领导管理体制下，《中华人民共和国宪法》《中国共产党章程》《中华人民共和国公司法》等相关规定又赋予了党组织参与国有企业重大决策的权力。因此，公司治理和战略管理双重视角下的国有企业战略决策主体包含党组织、董事会和高管层。而由权力分布差异所引致的决策主体任意裁量权不同，决策资源、分工及主体利益差异，会使得决策主体之间的互动机制发生变化，进而会影响到企业投资决策的经济后果。从而，聚焦于作为国有企业决策层的党组织、董事会和高管层，如何通过优化其权力分布，改善企业投资决策经济后果的研究，不仅是合理的而且是可行的。

另外，混合所有制改革将使国有企业的所有者由单一主体演变为多个性质不同的行为主体，不同类型的所有者均为企业业务边界内外的异质性资源供给者，且在组织发展目标上存在较大差异。其会根据持股情况及战略目标，不同程度地介入公司治理机制设计中，进而导致企业决策层的权力分布出现差异。而决策权配置的合理性也将在较大程度上影响不同类型的所有者，是否以及如何将其拥有的异质性资源投入企业战略性投资决策中，最终会影响企业投资决策的经济后果。差异化的混合所有制改革以及决策层的权力分布，是当前国有企业公司治理改革的核心，两者将对企业投资决策的科学性产生重要影响。因此，基于党组织参与视角的国有企业混合所有制改革→决策权配置→投资决策的逻辑思路是合理可行的。

1.4.2　技术路线

本书的技术路线如图 1.1 所示。具体如下所述。

（1）研究的初始阶段，采用文献法对权威期刊上有关国有企业混合所有制改革、党组织参与公司治理、决策权配置及投资决策的文献进行研究，以实现明确研究问题、确定项目理论贡献和突破方向的目的。

（2）项目组通过对典型案例的深度访谈方法，来验证规范分析所提出的基本判断的可靠性，并在此基础上进行党组织参与公司治理研究，以及企业决策权配置的测度与评价研究，为后续相关研究奠定基础。

（3）采用二手数据、问卷调查法、企业访谈和仿真实验等多种方法，针对样本企业进行数据收集和整理。根据收集的数据资料，采用因子分析、方差分析和回归分析等多元统计方法，对国有企业混合所有制对企业决策权配置的影响、决策权配置与企业投资决策的影响机制，以及国有企业混合所有制改革、决策权配置与投资决策之间的关系，进行实证研究，检验规范分析得到的研究命题。

（4）根据以上实证分析，采用典型企业访谈法重新进行调查，使逻辑框架与实践检验的结果相适应，并进行合理的修正完善，从而更好地解析和指引国有企业的投资决策过程。同时，采用归纳法，对项目研究成果进行归纳、整理和总结。

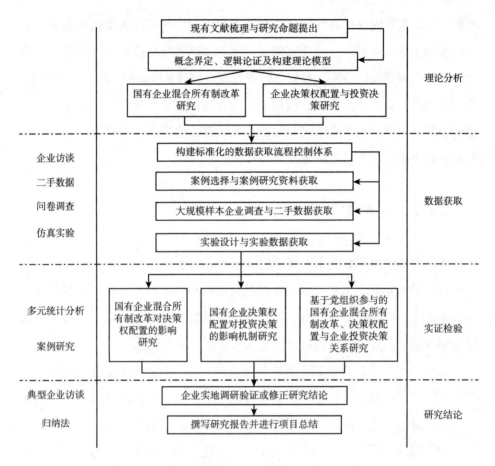

图 1.1 技术路线

1.4.3 研究方法

本书将采用兼顾质化和量化的多元研究方法来探讨被提炼出的科学问题，具体如下所述。

（1）基于二手数据和问卷调研的数理统计方法。首先，本书在现有文献积累的基础上，就相关核心概念及理论框架达成初步共识。识别和界定相关核心概念和测量指标。对于难以从公开途径或专业数据库获取相关数据的样本企业，将采用问卷调研的方式获取相关数据。项目组将在现有相关调查量表及问卷的基础上，结合中国国情，邀请相关专家对初始问卷进行试评定，就问卷内容与实际情况符合程度，以及问卷的可读性和合理性进行评定，经过反复修订和论证，获得预试问卷。然后，选择具有代表性的国有企业进行小样本的预调查，根据对预调查结果的分析、筛选，形成正式问卷，并开展大样本的正式调查，以此获取相关研究数据。而对于能够通过公开途径或专业数据库获取的二手数据，本书将根据理论模型和研究假设，搜集样本企业的相关数据。

其次，在大样本的二手数据和问卷调研数据基础上，运用统计分析方法检验理论分析的合理性。钱颖一（2003）认为，证据的数量化使得实证研究结果具有一般性和系统性，能够减少经验研究中的偶然性和表面化现象。本书拟运用多元统计回归技术，分别对国有企业混合所有制改革、决策权配置与投资决策之间的主效应关系、中介效应关系和调节效应关系进行检验。考虑到当代实证研究对内生性问题处理的极大关注，我们在相关检验中，分别采用工具变量法进行两阶段最小二乘回归，以及构建联立方程组，采用三阶段最小二乘法（3SLS）对相关方程一同加以估计的方法来进行处理。通过上述检验，以达到最终为本书所提炼的科学问题提供经验证据的目的。

需要说明的是，在简单的中介效应的检验过程中，当前检验中介效应最常用的方法是巴伦和肯尼（Baron & Kenny, 1986）所提出的逐步法。但近年来，逐步法受到学术界的批评和质疑（Hayes, 2009; Zhao et al., 2010）。目前，逐步法检验过程中的 Soble 检验逐渐被 Bootstrap 法所取代，相应的中介效应的检验程序也发生了变化（温忠麟和叶宝娟，2014）。本书参考温忠麟和叶宝娟（2014a）的研究，采用当前在中介效应检验方面的前沿性方法。新方法的应用有可能发现自变量与因变量之间除了中介效应外，还可能存在遮掩效应，而这一种影响效应尚未在现有文献中得到充分认识。该检验方法的操作程序如下所述。

根据温忠麟和叶宝娟（2014）的研究，构建如下三个方程：

方程 1：$Y = cX + e1$

方程 2：$M = aX + e2$

方程 3：$Y = cX + bM + e3$

上述方程中 X 为自变量（企业家贫困经历）、Y 为因变量（企业投资金融化）、M 为中介变量（控制权配置模式）。

第一，检验方程 1 的系数 c，无论是否显著，都可以进行后续检验。

第二，依次检验方程 2 中的系数 a 和方程 3 中的系数 b 的显著性，如果两者当中至少有一个不显著，则需要用 Bootstrap 法对系数乘积 ab 的显著性进行检验，如果检验结果不显著，则停止分析。如果显著则进行第三步。

第三，检验方程 3 的系数 c 的显著性。如果系数 c 不显著，则说明中介变量（控制权配置模式）发挥了完全中介效应。如果系数 c 显著，则需要进行第四步检验。

第四，在系数 c 显著的情况下，比较系数乘积 ab 和系数 c 的符号。如果两者同号，则中介变量（控制权配置模式）发挥了部分中介效应，报告中介效应占总效应的比例为 ab/c。如果两者异号，则中介变量（控制权配置模式）事实上发挥了遮掩效应，报告间接效应与直接效应的比例的绝对值为 $|ab/c|$。

同时，现有研究认为，在具有连续结果的模型中测量中介的成熟统计技术不能轻易地推广到逻辑回归和其他（非线性）直言反应模型中。因为这些模型没有从误差方差单独估测系数，使得不同回归模型系数间的比较存在一定问题。中介的估测取决于不同模型间的估测系数与不同的误差标准偏差的比较，从而导致中介难以在分类反应模型中估测，即尺度问题。本书的中介效应涉及了分类反应的问题，因此，本书将采用近年来提出的 KHB 法进行检验。具体如下：

第一，进行"简化模型"中系数与标准误差的估计。简化模型，即 y 与 x 间简单的二元关系式：$y = \alpha + \beta x + \varepsilon$。

第二，进行"完整模型"中系数与标准误差的估计。完整模型，即 x 通过 m，对 y 的影响：$y = \alpha' + \beta_1 x + \beta_2 m + u$。

第三，进行"差分模型"中差分系数即该系数的标准误差的估计。差分模型，即计算加入 m 后 x 的回归系数相对于 y 的变化。差分模型用于估测由于 m 导致的中介（或混杂）数量，从而解释任何与非线性反应模型相关的尺度变化。

第四，用差分系数 $\beta - \beta_1$ 来衡量中介变量 m 的效果，如果差分系数为正，x 的系数在中介的作用下减小；如果差分系数为负，x 的系数在中介变量的作用下增加，以上述作用的变化来衡量中介效果。

第五，混杂百分比 $\left(\dfrac{\beta - \beta_1}{\beta} \right) \%$ 用来衡量相对于原始简化模型中的系数、完整模型里中介的数量。

对于有调节的中介效应的检验，本书将严格遵循温忠麟和叶宝娟（2014b）的研究所给出的操作程序进行检验。该方法较为成熟，不做赘述。

（2）实验研究方法。本书将充分利用国家中西部高校提升综合实力专项资金支持的贵州大学教学实验平台"贵州大学经济管理实验教学中心"的优势资源，通过构建国有企业公司治理实验模型，将国有企业混合所有制改革过程中各利益主体的博弈行为，以及不同权力分布状态下，各决策主体在企业投资决策中的行为过程等具体问题，转化为实验室场景实验，以此弥补二手数据研究的缺陷。由于混合所有制企业各利益主体的博弈行为，以及企业决策主体之间的权力争斗行为，难以通过二手数据获得，因此通过实验室仿真实验，可以最大限度上打开决策权配置与投资决策行为的"黑箱"。课题组将严格遵循实验研究的标准与程序，模拟和检验本书研究内容的理论分析与企业实践的契合情况。充分利用实验数据，强化和提升本书研究结果的效度和价值。

（3）案例研究法。首先，项目初始研究阶段，本书将在现有文献研究的基础上，有针对性地选择目标企业，采用现场观察和深度访谈等方式进行探索性案例研究，其目的主要在于对目标企业的混合所有制改革情况、决策权配置状况以及企业投资决策情况等基本信息进行初步考察，提升对本书科学问题的认知、寻找不同概念之间的关系、验证规范分析所提出的基本判断的可靠性，并在此基础上进一步完善项目的理论框架。

其次，在本书的第5章，即国有企业混合所有制改革、决策权配置与投资决策关系综合研究部分，将根据前期实证检验结果，采用典型企业访谈法重新进行调查，重点采用因果性案例研究方法，深入挖掘在党组织参与公司治理的情况下，国有企业混合所有制改革如何通过合理的决策权配置，来改善企业投资决策的经济后果，以进一步明确对本书科学问题的解答。同时，也将根据案例研究结果对前期理论分析进行合理的修正完善，使逻辑框架与实践检验的结果相适应，从而更好地解析和指引国有企业进行现代企业制度建设。

1.5　研究创新点

本书的特色之处，在于坚持突出中国国有企业特殊的领导管理体制，以及当前正在进行的混合所有制改革的现实背景，选择国有企业为研究单位，以其决策权配置与投资决策关系为主体，通过对公司治理、战略管理和企业投资决策等研究领域经典理论的梳理、分析和归纳，探索和检验混合所有制改革背景下的国有企业决策权配置变化，及其对投资决策的影响。并以此解构国有企业在混合所有制改革背景下，实现决策配置的合理性和投资决策科学性的内在逻辑。因此，本书创新之处主要表现在以下方面。

一是不同于以往政企关系研究中在"政府—政策—企业"范式下的"扶持之手—掠夺之手"的分析视角。本书以国有企业决策权配置为研究主体构建分析框架，将研究重点从以往基于外部政府部门视角的分析，转向企业内部股权结构变化，将国有企业决策权配置依据行政主导性和经济主导性进行二元划分，并纳入国有企业混合所有制改革和治理机制转型的整体分析框架中。一方面，为完善国有企业公司治理结构，优化国有企业改革过程中的政企关系、党企关系提供参考。另一方面，有助于重新审视影响国有企业投资决策的前置动因及其作用机理，为理解混合所有制改革过程中，国有企业如何提升投资决策质量，促进国有企业决策主体关系由"合规"向"有效"的实质性转变提供经验证据，最终有利于推动国有企业进行现代企业制度建设。就中国国有企业的决策权配置与投资决策问题，给出一个更适合中国情境的公司治理层面的普适性解释。

二是基于国有企业的发展特征和改革的实际问题，从国有企业混合所有制改革的大背景出发，探究股权结构变化如何转化为企业的控制权配置选择与投资决策行为，还原和解构混合所有制企业从"企业归谁"到"谁作决策"再到"企业怎么行动"的内在逻辑与动态实践，从理论前沿角度对"产权意志"到"企业决策行为"的主导逻辑给出了新的描述。从而突破了以往主要是基于单一的制度理论进行研究的边界，以新的理论视角为混合所有制改革背景下的国有企业决策权配置偏好的产生动机及其对投资决策的影响，提供了一个差异性的解构逻辑。更系统、更深刻地解析和揭示国有企业决策权配置和投资决策行为的主导逻辑及其新规律，从而有助于发现新思路和新结论，丰富和深化该领域的理论研究。

三是党的十八大以来陆续推进的混合所有制改革，使得国有企业的股权结构呈现出多种所有制属性各异的大股东并存（国有股东、非国有股东、机构股东、外资股东）的特点。为了实现各自的投资目标，各类大股东积极介入企业公司治理活动。作为股东与公司之间的关键正式制度设计，决策权配置关乎到企业从战略制定到战略实施的整个过程中，是各类股东介入企业战略和公司治理实践的主要路径。

在国有企业混合所有制改革进程不断推进的制度背景下，作为现代企业核心顶层制度设计的公司治理，不容忽视的本质问题是，如何通过决策权配置来解决企业与不同利益相关主体之间的互动及关系构建，如何促使多元利益偏好的行为主体在决策过程中，由行政主导性偏好向经济主导性偏好转变，这不仅需要最佳公司治理准则倡导的合理的现代法人治理结构，更需要探测良好运作的决策权配置方式。本书探讨作为现代企业制度核心的决策群体及权力配置机制，如何嵌入混合所有制改革过程，以提升和强化企业投资决策的科学水平。研究成果对于解读、解析诸如混合所有制改革制度情景变化如何诱致国有企业决策权配置方式变迁，为解释国有企业公司治理的实际作用提供一种研究方向，同时也为解释现有关于如何优化决策权配置，促进投资决策质量提高的相关研究提供了新的经验证据和参考。

第 2 章

文献综述

本章围绕所提炼的科学问题"混合所有制改革会如何影响企业决策权配置方式，进而影响企业投资决策的经济后果"，系统梳理国有企业股权结构特征对治理行为的影响，国有企业混合所有制改革研究，基于党组织参与的公司治理研究，企业决策权配置研究，以及企业投资决策研究等五个方面的相关研究成果。在此基础上，分析现有成果的可借鉴之处和不足之处，为本书提供理论基础和文献支持。

2.1 国有企业股权结构特征对治理行为的影响

2.1.1 国有股一股独大

中国整体经济市场状态呈现出公有制为主体、多种所有制经济共同发展。为了防止国有资产私有化的问题，在国有上市公司股权结构上必然呈现出国有股股权占比居于主导地位的特点，即在国有上市公司中必然存在国有股一股独大的现象。在强调股权高度分散，市场力量占主导的市场经济环境下，一股独大问题有可能导致外部股权市场治理机制失效，进而影响企业治理的有效性，造成国有上市公司的公司治理效率低下。

现有研究往往强调要在上市公司治理过程中实现股权制衡，但是关于股权制衡的结果和效用往往难以得出一致性的结论。研究表明，股权制衡既能导致有利的经济后果，也可能导致不利的经济后果，而对于公司价值或经营业绩的净影响则取决于有利和不利这两个方面的比较。

股权制衡所带来的优势表现在：（1）股权分散往往意味着不同股东之间要共享控制权，共享控制权意味着更少的少数股东需要出售股权以满足融资需求，这样，控制集团可以在更大程度上将企业价值内部化，这将会降低他们为了增加私人收益而以损失效率作为代价进行战略决策的动机；（2）控制权之间的相互制衡可以防止控股股东为了增加私人收益而进行战略决策的动机；（3）相对于一股独大的企业，股权制衡有可能产生最佳的监督水平。不同大股东之间需要经过博弈行为才能确定最终的管理层人选，而在后续的企业经营过程中，各权力制衡方之间会具有更大的积极性去监督管理层的行为，有效地抑制第一类委托代理问题的发生。

　　然而，研究同样强调，股权制衡并不必然意味着是对企业的经营有利的，首先，各个博弈参与方在企业战略决策过程中的诉求可能存在差异，这将会导致同一项战略决策活动所带来的企业经营结果对于不同参与方而言具有不同的效用，这种效用的差异可能会导致各博弈参与方之间难以达成一致的结论，从而增加了决策成本，或者错过一些转瞬即逝的利好机遇。其次，对管理层的监督活动具有公共物品的属性，必然会带来不同股东之间"搭便车"问题的出现，而各个股权制衡方之间由于"搭便车"问题的存在，导致对于管理层的监督活动缺乏效力。最后，拉伯塔等（La Porta et al.，1998）指出，所有权集中会导致大股东与小股东间潜在的代理冲突。现有研究表明，随着第一大股东股权比例的提高，其对企业实施影响的作用机制不断增强，但其他股东对第一大股东的约束性制衡能力逐渐下降，第一大股东可能利用自己对企业的控制优势，通过关联交易或者占用控股企业的资源，损害控股企业利益，股权制衡管理失效（LISV，1998）。

　　股权分散或者企业内部的股权制衡对于企业的经营活动而言可能是有利的，也可能是有害的，就中国国有上市公司而言，国有股一股独大问题对于企业经营决策产生的影响也存在较大的不确定性。因而，进一步探究国有企业国有股一股独大对于企业内部治理过程中的影响，具有较为显著的意义。

2.1.2　第二类委托代理问题

　　当大股东的股权基本上能够控制公司决策时，大股东可能更倾向于获取外部少数股东不能分享的私人利益，由此产生大股东与外部中小股东的利益冲突（叶陈刚和王海菲，2011）。孙永祥和黄祖辉（1999）认为，有一定集中度，有相对控股股东并且有其他大股东存在的股权结构，总体上最有利于公司治理机制的发挥。股权集中度对董事会努力标准、对知识的应用等方面有直接影响，保持适当的股权集中度有利于持续和稳定地产生这种直接影响

（孙永祥和黄祖辉，1999）。马晨等（2011）认为，保持适当的国有股比例可以避免所有者缺位，可赋予国有股股东更多的经济人动机，有利于建立激励机制。

此外，保持适当的股权集中度可以避免股权制衡机制失效，提高其他股东的决策权，避免大股东恶意损害其他股东利益的行为，最终提高运营效率。不仅形成消耗，还造成中小股东"用脚投票"，进而破坏法人治理结构，最终降低管理效率，绩效下降（冯根福等，2002）。此外，中央企业内部固有的行政干预、管理效率低下等问题，往往使得股权制约失衡缺陷效应更加明显。

由于国有股股权代表虚位、虚设的问题存在，在国有企业经营过程中，公司管理层具有较大的自主裁量权，国有股股权不能很好地维护。另外，在国有上市公司所设立的股东会或者董事会当中，国有股作为唯一的大股东，拥有绝对的控股地位，如若监管不力，容易导致国有股对于中小股东特别是非国有股股东的利益侵害行为。达尔瓦德卡尔（Dharwadkar，2000）将委托代理问题分为两大类并认为，在英美模式下，股东和经理人之间的委托代理冲突是公司治理的核心矛盾。与之对应，在新兴经济国家由于外部治理环境或机制不完善，企业一般采用集中股权的形式替代弱式的外部治理机制，这会诱发其大股东或控股股东与中小股东之间的委托代理冲突，由此委托人之间的冲突代替了委托代理冲突，成为了公司治理的核心矛盾。在具有典型新兴经济特征的中国情境下，在研究企业治理时，既要关注传统的委托代理冲突，又要关注委托人冲突这一新的研究发展趋势（Young et al.，2008）。

因而，中国国有上市公司股权治理过程中所存在的问题中，第二类委托代理问题相较于第一类委托代理问题而言，所起到的作用更为突出。这种问题的表现除了国有股一股独大所导致的对于公司的绝对控制权之外，还有来自国有企业管理者政治晋升问题上的限制性。目前，国有企业管理层或者董事会成员，更多是来源于政府或者上级任命，而没有公开的市场选拔机制。而非国有企业当中，管理层或者董事会的市场公开选拔机制往往能够保证在面临大股东的时候，中小股东通过累积投票制度等制度的设计，来保证在董事会当中拥有代表自身利益的董事。然而，在国有企业当中，来自非公开市场的董事会组成往往使得中小股东的权利难以得到维护，即使存在中小股东累积投票制度，也往往难以在董事会中谋求到一席之地。

冯根福（2004）认为，中国上市公司内部存在着双重委托代理理论，即同时存在控股股东或者大股东与经营者之间的委托代理问题和中小股东与其代理人之间的委托代理问题（冯根福，2004）。解决第一类委托代理问题的途径是使控股股东或者大股东成为有效的投资者和委托人，才能对经营者进行有效的监控。因此，需要积极引进私人战略投资者、机构投资者和外国投资者，改变国有股一统天下的股权结构格局。而降低第二种代理成本的途径也是要使中小股东成为有效的投资者和委托人，这可以通过成立中小股东代理人管理协会等方式来实现（郑海航和熊小彤，2005）。

2.1.3 内部人控制问题

在我国国有企业中，内部人控制和大股东控制往往同时存在。随着近年来政府机构改革和政府职能转换，政府委托国有企业集团公司即股份公司的母公司持有国有股的现象较多。集团公司的管理层通过控制上市公司的股东会、董事会以及管理层，采取由集团公司的管理层部分成员直接担任上市公司的高级管理人员，而且这部分高级管理人员直接成为上市公司的执行董事的措施，来实施对上市公司的控制。在这种情况下，上市公司中的管理者行为实质上就是集团公司中的管理者行为，上市公司中的内部人控制实际上就是集团公司的内部人股权控制。因而，在中国国有企业中，国有股比例越高，公司内部人控制度也越高；国家绝对控股公司的内部人控制度明显高于国家相对控股公司的内部人控制度。因此，在这种情况下，控制内部人控制对于中国国有企业的经营管理而言具有一定的现实指导意义。控制内部人控制理论的核心措施是加强银行作为债权人对国有企业经营管理的监督。

但是，银行体系对内部人控制的监督效果要取决于其他互补性的制度安排及其发展。在转型国家中，政府为了保证在政治上的成功，可能会要求银行向企业提供贷款。这种政府担保减少了债权人监督的动力，使银行的预算约束软化，进而导致全面的道德风险。这种示范效应会极大地消减企业进行重组的动力。内部人控制的企业，因其无法对投资者做出可信的偿付承诺，因而很难从外部得到进行重组和投资所需的私人融资。因此，尽管通过银行实行控制导向型融资是较为常见的选择，但在强调银行机构对内部人控制的监督作用的同时，还必须加强银行体系的改革与资本市场的完善（田春生，2002）。

综上可以看出，在中国国有企业公司治理活动上，存在着：（1）股权集中度高；（2）股权制衡度较小；（3）国有股一股独大问题。然而，这些股权特征对公司治理效率的影响并不能得到一致的结论，相关的研究往往呈现出差异性的结论，然而，从现有国有企业的治理活动来看，股权治理活动在公司治理过程中发挥的作用较小。

在中国国有上市公司中，集团控股以及一股独大问题往往较为突出，国有股一股独大问题在保证国有资产安全性的同时，也带来了外部资本市场治理的失效。伊戈尔·菲拉托切夫等（Igor Filatotchev et al.，2015）在研究英国股东激进主义行为的影响时，将股东激进主义行为的行动类型划分为三类：对被投资企业进行公开谴责、向股东大会提交提案、对被投资企业提起诉讼。而对应的诉求主要包括以下六种类型：要求公司调整董事会构成、向董事会中派驻董事、调整高管薪酬相关的诉求、公司股权结构相关的诉求、公司战略相关的诉求、与社会和环境相关的诉求。该研究基于英国股东积极主义行动事件为研究样本，结果发现，在所有由机构投资者主导的积极主义行动中，与向董事会中派驻董事相关的诉求事件占到总数的10%（Igor Filatotchev et al.，2015）。卡普兰等（Kaplan et al.，2005）通过对美国创业投资基金的投资案例进行调研后指出，有25.4%的创业投资基金在被投资企业董事会中拥有代表席位。

积极参与被投资企业董事会了解企业运营及财务信息，进而监督企业的管理和运作，是创业投资基金参与投资后管理的重要途径之一（Kaplan et al.，2005）。贝克和贡珀斯（Baker & Gompers，2003）研究发现，在有创业投资支持的公司董事会构成中，内部董事通常只有较少的席位，而独立董事占有较多的席位。苏查德（Suchard，2009）通过研究提出，由于创业投资基金的参与，被投资企业董事会的独立性得到显著的提高。创业投资基金可以利用自身的社会资源或网络引入更多的外部资源促进被投资企业治理的改善，例如可以为这些企业引入具有产业背景或经验的董事（Suchard，2009）。理论研究表明，来自外部资本市场的股权制衡会对公司的经营活动产生影响，而这种影响的作用途径包括直接进入公司内部，寻求拥有一定的董事会席位，借此对公司的经营活动或者战略决策行为产生影响。

在中国国有上市公司当中，这些来自外部投资者的压力往往难以对企业的实际经营产生影响。首先，相比较于非国有上市公司而言，国有上市公司中国有股往往居于控股优势，部分国有上市公司中国有股控股比例保持在34%左右，这导致外部投资者即使在企业内部形成联盟，在公司法和公司章程的约束下，也难以对企业的经营战略产生主导性的影响，外部股权治理活动仅仅是起到否决或者赞同的作用。其次，国有上市公司由于受到过多来自控股集团公司的战略影响，其公司主要管理团队成员往往来自集团公司内部，而不是通过有效的外部市场选取具有较高自主决策权的职业经理人来主导公司的运营，激进股东所寻求的替换公司管理层或者董事会的活动往往难以实施。当外部股东无法通过更换公司管理层等策略来对公司的经营决策产生干预的时候，外部资本市场难以形成对公司经营的外部接管威胁，从而使得外部股权治理机制失效。

对国有企业而言，大股东和监管机构也并非实际股东，国有企业的董事会同样面临委托代理问题，即由董事代理名义上的股东——上级监管企业或部门行使监督权。而考虑到国有企业的实际股东为定位和职责都较为模糊的国家和全民，国有企业的董事往往缺乏明确的委托方。因此，国有企业的董事包括独立董事在独立性和专业性方面较非国有企业要低（曲红燕和武常岐，2014）。

因此，国家作为所有者，既要知情和在位，又不能越位。国有企业董事会应对公司运营负最终责任。国有企业战略目标执行的好坏主要取决于董事会的运行质量（鲁桐和党印，2015）。但是，从中国国有上市公司的实际运营情况来看，国有股一股独大问题以及由此引发的各种问题，并没有必然地引起国有企业经营绩效或者公司治理问题存在巨大的漏洞，这说明中国制度下的股权治理具有其自身独特的特点，这种特点的存在导致了在国有股一股独大的情境下，中小私有股东依旧可以对企业的决策产生影响。比较典型的机制如"金股"制度。①

"金股"制度在中国国有企业，特别是地方国有企业中存在也较为广泛，例如江西萍乡钢铁有限责任公司，省政府持有一股金股；广东增城市政府在原国有港口公司向民间出让产权时保留了1%的国有股权（中国出版传媒商报，2014）。在国有"金股"制度之下，持有"金股"的政府仅用极少量股份即控制了公司的重大经营决策，但并不参与公司的日常经营决策。投资者事前表决权的比例增加，提升了对企业重大决策的影响力，保证了政府在维持对于国有企业的控制力的同时，将对企业市场化运作的干涉降低到了最低点。"金股"制度实际上是赋予了政府或者国有资产管理部门对于危害国有资产安全的行为的一票否决权，以保证政府对国有企业的绝对控制力（郭青青，2015）。类似的机制设计保证了中国国有企业在国有股一股独大的情境下，依旧维持了较高的经营绩效。

在国有企业股权治理活动所发挥的作用不断增强的情况下，现有研究还

---

① "金股"（goldenshare），又称为特别股、特权偿还股、特权优先股，是由政府持有的对特定事项行使否决权的股份。

进一步强调了股权治理问题与其他类型的公司治理活动过程之间的有效互动性，及其对公司治理有效性的影响。李维安和李汉军（2006）等研究发现，第一大股东绝对控股时，其持股比例越高，公司绩效越好，这时高管的股权激励无法发挥作用；当第一大股东持股比例低于 20% 时，高管的股权激励也无法发挥作用；当第一大股东持股比例在 20% ~40% 时，其持股比例和绩效呈现倒"U"型关系，这时高管的股权激励发挥显著的作用（李维安和李汉军，2006）。陈井勇（2004）研究发现，股权结构对公司绩效作用的强弱受到投资者保护程度的影响。当投资者保护程度增强时，大股东对管理者的监督力度降低；当投资者保护减弱时，大股东对管理者的监督力度有所增加。

国有股减持的改革不能盲目进行，而应以良好的投资者法律保护为前提，同时应积极培育具有监督作用的大股东（陈井勇，2004）。丁鹏（2011）研究发现，机构投资者持股对国有公司倒"U"型绩效的影响受制于公司控股集中度，随着控股股东比例提高，机构持股的边际效应增大（丁鹏，2011）。卢宁文和孟凡（2017）研究发现，资本结构与企业绩效之间呈现显著的负相关关系，高管持股与上市公司绩效之间呈现显著的正相关关系，高管持股能调节资本结构与企业绩效之间的关系，加速了资本结构与企业绩效之间的负相关关系（卢宁文和孟凡，2017）。李春玲等（2016）研究发现，在国家相对控股方式下股权激励和薪酬激励都可以提升企业价值，在国家绝对控股方式下股权激励未能发挥效果，薪酬激励可以提升企业价值（李春玲等，2016）。

2.2　国有企业混合所有制改革研究

经济学家关于"混合所有制"的思想渊源主要来自"混合经济"（mixed economy）。一些名词概念如"双重经济"（dual economy）、"平衡经济"

（blance economy）在内涵上与"混合经济"实际上是一致的。"混合经济"思想在西方经过两个多世纪的演变后，为微观层面的"混合所有制改革"研究奠定了理论基础。而国外对于微观层面的混合所有制改革的研究，常见的相关文献主要是关于"私有化改革"（privatization）、"公私合营"（public-private partnership）和"民营化"（privatization）的研究。

从已有研究来看，混合所有制经济包含两层含义：一是从宏观层面形成的以公有制经济为主体、多种所有制经济共同发展的格局；二是从微观企业层面形成的国有资本和非国有资本交叉持股、相互融合的状况（黄速建，2014）。结合本书的研究主题，我们主要从微观企业层面，依据研究视角的差异性对已有研究成果进行梳理。

2.2.1　基于产权理论的研究

该视角的研究主要试图解决"要不要通过产权变革实行混合所有制改革"的问题。国有企业的产权模式是导致国有企业效率低下的主要动因，因此，民营化作为清晰产权和提供经济激励的必要手段，被人们所认同（Vickers & Yarrow，1988）。

吴敬琏（1993）认为，企业产权不清晰，内部法人治理结构不合理，是国有企业发展停滞的关键所在。张维迎（1999）认为，只有非公资本与国资交叉混合，形成混合所有制经济和良好的公司治理结构，才能从根本上解决国有企业低效的问题。陈德球（2014）研究发现，国有企业民营化后产权更加清晰，且形成良好的股权制衡机制，能有效缓解原国有大股东的内部人控制问题，优化内部资源配置。郝阳和龚六堂（2017）研究发现，混合所有制股权结构有助于企业绩效改善。

梅金森等（Meggiinson et al.，2001）研究发现，当国有企业引入非国有资产后，其盈利能力和经营效率会很大程度地提高；卢梭和肖（Rousseau &

Xiao，2008）认为，无论是发达国家还是发展中国家，国内还是国外，国有企业进行民营化改革以后，企业的经济绩效会得到明显改善；布巴克里等（Boubakri et al.，2013）研究发现，外资股权比例与民营化企业的风险承担水平显著正相关，国有资本与非国有资本的有机融合有助于改善国有企业的经济绩效。

另一些学者则给出相反的观点，他们认为国有企业民营化后，一旦企业所有权发生转让，国有资本就会流失，甚至有部分非国有股东与国有股东目标不一致，在一心追求效益的情况下会做出损害企业利益的行为。根据现有文献，非国有资本介入国有企业的消极效应主要表现在以下方面。

首先，非国有股东进入国有企业可能的动机是，借力国有企业的政治资源（马连福等，2015），应对其所遭遇的资源与制度约束，并通过非市场交易方式获取寻租收益。因而，民营资本也可能利用混合所有制改革，借机牟利，通过非效率投资活动，提高自身的收益（涂国前和刘峰，2010）。其次，当考虑到不同性质资本的成本时，有研究发现，在国有资本居于主导地位的情况下，非国有资本的加入会带来资本成本更高的股权结构，从而产生与改革目标相违背的"资本成本悖论"现象（汪平等，2015）。马连福（2015）研究发现，简单的股权混合并不能够改善公司的绩效表现，引入非国有资产股权混合后，混合主体多样性与公司绩效呈现倒"U"型关系。

从以往的研究来看，国内学者似乎将两种观点对立起来，很少有文献将两种观点进行综合性的研究，针对以上两种观点，杨瑞龙（1997）曾经提高国有企业分类改革思想，他认为应当对不同类型的企业选择不同的改革思路，在具体国有企业改革时，应该考虑以下因素：企业在市场经济中的地位和作用，所提供产品的性质，所处行业的差距。根据企业的具体情况，采取差异化改革方式。

此外，也有学者从股权制衡角度出发，探究国有企业进行混合所有制改革的必要性。杨红英和童露（2015）等认为，混合所有制改革是实现股权多元化，解决国有资本所有者缺位和一股独大的一种手段，从而有效改善企业的治理结构。郝云宏和汪茜（2015）用鄂武商的案例研究分析后得出结论：引入非国有资本后，国有股东和非国有股东之间能否形成有效制衡关系对改善公司治理十分重要，因此，混合所有制改革的落脚点不应只停留在对所有权结构的改变上，还应该着眼于体制机制的改变，尤其要克服政企不分的局面。钟昀珈（2016）研究发现，国有企业民营化后，控制权发生转移，会使得企业的创新效率因为非国有大股东掏空等原因被抑制，因而为避免这种非国有股东的掏空行为，应该实行股权制衡观点，即引入非国有资产，与国有资产相互融合，构成相互制衡的公司治理机制。蔡贵龙和柳建华（2018）以2008~2015年上市公司为样本，研究非国有股东的治理机制，结果表明，民营化不能仅仅停留在资本层面的混合，还需进行合理的产权分配形成相互制衡的股权结构，确保非国有股东在国有企业经营管理中具有一定的影响力，才能更好地发挥民营资本的监督和治理作用。因此，尽管在实践上，实施混合所有制改革已经成为当前国有企业改革的趋势，但在理论上尚存在争议之处。

2.2.2 基于经理人观的研究

持经理人观的学者们主要试图解释"国有企业混合所有制改革影响其经济绩效的内在机理是什么"的问题。依据委托代理理论视角，他们认为，国有企业的"所有权虚置"，以及缺乏对经理人的有效监督和激励机制（Laffont，1993），是影响国有企业效率较低的重要依据。而民营化改革则增强了企业所有者对管理者监督的动力，促使其建立完善的激励机制。

现有研究普遍认为，国有企业由于所有者主体虚置，以及较长的委托代理链条，使国有上市公司逐步形成董事长为核心的内部人控制格局，代理成本居高不下（郑志刚，2015）。而在约束机制上，监事会和独立董事并没有发挥有效的监督制衡作用，从而使得国有企业的代理问题较为突出，严重影响了企业经营绩效。闫俊伍（2011）认为，国有企业为全民所有，其委托人存在着所有者缺位、委托人中间合谋等现象，代理人存在道德风险问题，而民营化是避免这些问题的关键所在。

王甄和胡军（2016）以 2003～2011 年 A 股上市公司为样本，研究发现，国有企业往往面临更为严重的经理人代理问题，而民营化是有效解决代理问题的途径之一。佟健和宋小宁等（2016）认为，国有企业混合所有制改革，通过引入私人资本解决了"所有者缺位"问题，私人资本的逐利性决定了其资本所有者会加强企业内部监督。博阿滕和黄（Boateng and Huang，2017）认为，民营化是有效的内部治理机制，有利于加强监督，降低国有企业代理成本，并在外部治理制度不完善时起到弥补作用。

总体上，经理人观视角的研究认为，国有企业的公司治理结构，归根结底也是何种形式的产权结构更有利于国有企业解决委托代理的问题。通过国有企业混合所有制改革，能够有效缓解国有企业所有者缺位问题，健全完善现代企业制度，进而改善企业绩效。

2.3　企业决策权配置的研究

企业决策权配置问题，是公司治理领域近年来的研究热点问题（Krause et al.，2014；Goergen et al.，2015；曹晶等，2015；周建等，2016）。决策权配置通常是指对决策层内各成员权力大小状况的描述（Smith et al.，2006）。而是否存在一种最优的决策权配置状态推动企业发展，这是关于企业决策权治理研究的学者试图解答的问题。围绕这一重要问题，不同研究者所选取的研究角度和所依据的基础理论的差异，使得各种研究结论之间不尽相同。从已有的研究成果来看，研究者所依据的基础理论主要有代理理论

（agency theory）、管家理论（stewardship theory）、资源依赖理论（resource dependence theory）。

代理理论建立的基础是有限理性的经济人和信息不对称假设。该理论认为，人性倾向于利己主义与机会主义，在所有权和经营权相互分离的现代企业中，代理人（经营者）存在追求个人利益最大化的动机和实现的可能性。委托人与代理人之间不可避免地会发生利益冲突，从而产生代理问题（Jensen & Meckling，1976）。而在存在且必须处理代理关系的公司组织中，权力的分散化有助于更好地发挥监督激励机制的治理作用，为所有权和控制权分离的经济效率提供治理保障。同时，代理理论认为，企业决策所需要的专业知识掌握在不同的人手中，而权力的分散化有利于提升决策管理和决策监控分离带来的专业化效率（Fama & Jensen，1983）。而集中化的权力配置如董事长和 CEO 两职合一等，一方面不利于抑制管理层的堑壕效应，另一方面也不利于董事会对高管层的决策执行及经营行为作出客观的评价（Conger & Lawler，2009）。在这一理论背景下，信奉股权至上的实务和理论工作者促成了一套公司治理的最佳实践（best practice）标准，要求企业决策层实行分散型的权力结构，提高董事会的独立性。

反对的声音来自治理研究对学科的跨越。管家理论（stewardship theory）借鉴了一些心理学和组织行为学的观点，提出组织成员在过分的近距离监督之下，会把注意力从履职转向反控，而且管理层的行为函数包含了部分非经济驱动因素，包括进取心和个人成就感等。管理者出于对自身尊严、信仰和工作成就感的追求，能够成为敬业、尽责的公司"管家"（Davis et al.，1997），为实现委托人（股东）的利益最大化而勤奋尽责地工作（Donaldson，1991）。因此，在战略决策过程中，作为企业决策主体的董事会和高管层之间，主要呈现出一种相互合作的关系状态。而决策权配置的分散性，将增加董事会和高管层之间的不信任感，并且抑制管理者的积极性（Sundaramurthy，2003）。而集中型的权力分布状态如董事长和 CEO 两职合一，则有利于企业适应瞬息万变的市场环境，便于组织效率的提升，从而会提高企业的经营绩效（Donaldson & Davis，1991；Brickley et al.，1997），

资源依赖理论的学者考虑情境的重要性，认为企业决策权配置与企业经济绩效关系会受到环境动态性和复杂性的调节（Boyd，1995；Smith，2014）。事实上近年来，随着研究积累和认识的加深，人们意识到在公司治理领域中，并不存在适用于一切情况（one size to all）的最佳权力分布模式（Bhagat et al.，2008；Yoshikawa & Rasheed，2009）。因此，学术研究的焦点开始转向企业如何根据其所根植的治理环境选择有效的权力分布机制上。这种选择行为既受到企业内部制度安排的影响，也依赖于企业所处的外部制度环境（Li et al.，2008；Filatotchev & Allcock，2010；Filatotchev & Nakajima，2010）。在复杂的环境中，集中型的权力分布状态更有利于促进企业绩效（Jacquart & Antonakis，2014）。同时，决策权配置既然不存在固定的最佳模式，就意味着企业需要根据环境变化，来不断调整权力分布以实现想要的决策结果。因此，权力分布状态变化的细节方面有待进一步研究。

实际上，公司内部存在着不同利益取向的政治群体。它们之间有时会相互合作，有时也可能发生冲突，它们在公司里的地位也会发生变化，从而企业决策层的权力分布状态也在发生变化。最新的研究趋势在于，企业决策层的权力分布变化与情境密切相关，变化的形式也存在多样性，如克劳斯和塞玛德尼（Krause & Semadeni，2012）研究发现，作为企业决策权配置状态核心标志的领导权结构的分离形式有三种模式，分别是学徒式分离、离职式分离和降职式分离。这三种模式对应决策权配置的变化，与企业面临的绩效变化直接相关联。因此，结合企业面临的环境，采用合适的变换模式，才能实现更优的决策效果。

在上述国外研究中，大多数对决策权配置的研究主要是基于董事会和高管层为决策主体进行的，同时，主要的实证检验也集中于探究董事长和 CEO 两职合一状态的经济后果。但也有少数学者摒弃这种单一的权力分布结构的检验，

而从整个决策团队的权力分布特征入手进行研究，如史密斯等（Smith et al.，2006）研究了高管团队权力分布及其对公司绩效的影响，试图回答高管团队权力分布类型是什么（均匀还是非均匀的），以及高管团队权力分布与公司绩效是否相关的问题。结果发现，权力分布不均匀的高管团队与公司绩效相关，而且产生了高管团队权力二人组（power duo）现象，即当权力大部分集中在两个人，且这两人的人口特征（主要是年龄和行业经验）差异性较大时，公司绩效较高。不过史密斯等（2006）的研究是基于短期、单行业的研究，这一结论的应用范围需要进一步考察。帕特尔和库珀（Patel & Cooper，2014）以结构性权力为基础，讨论了家族企业中家族成员和非家族成员的权力分布。研究发现，高管团队中家族成员和非家族成员的结构性权力（或薪酬水平、头衔数量、兼任董事状况）越均等，家族企业的绩效越好。

国内学者的研究也主要遵循了西方学者的研究路径，基于上述三大理论，以中国上市公司为样本，进行关于决策权配置的实证检验。其研究也主要集中于探究董事长和 CEO 的两职合一或分离状态，是否会对企业的经济后果产生差异化影响。研究结论呈现三种不同的观点。

第一类观点认为，董事长和 CEO 两职合一能够给 CEO 带来更高的权力，使其能更好地主导董事会，从而有助于战略决策方向的清晰和战略决策速度的提升。而两职分离则容易导致权力冲突和管理混乱，从而影响战略决策的质量及客观性。如初旭和周杰（2013）、周建等（2014）、李烨和黄速建（2016）等研究均证实了上述观点。第二类观点认为，两职合一使得 CEO 的权力过大，导致其他董事很难反对 CEO 的战略决策。同时，经营环境的不确定性使得战略决策需要更广泛的信息，而两职分离能够更好地满足这一信息需求，因此董事长和 CEO 两职合一的权力状态更有利于企业发展。如李云鹤等（2011）、王福胜和宋海旭（2013）、徐向艺和汤业国（2013）、张玉明等（2016）从不同方面对此观点进行了验证。第三类观点认为，领导权结构状态与企业绩效无关，如李四海等（2015）研究发现，两职分离或两职合一的权力配置与企业绩效并不存在显著的相关性；朱韬和丁友刚（2016）研究证实，国有企业领导权结构变化对业绩没有显著影响。

国内也有学者摒弃单一的企业领导权结构特征，从整个决策团队的权力分布特征出发进行研究。如陆云波等（2010）研究了团队权力分布与绩效的非线性关系，研究发现，团队权力因子可以分为"集权因子"和"自主因子"；高绩效团队使"自主因子"处于自我管理状态，"集权因子"处于集权管理状态；"自主因子"对团队绩效有决定性影响，而提高团队在"集权因子"上的综合决策能力可以改善团队绩效。曹晶等（2015）研究了高管团队权力分布与企业绩效的关系。研究发现，在高管团队整体权力分布较为均衡，并且权力更多地集中在高管团队的最高权力者时，企业能获得更好的绩效。

总体来看，已有研究主要关注单一的决策者权力分布特征，鲜有研究综合考虑不同方面的决策权配置特征，例如很多研究只考虑了权力集中在首席执行官的程度，或者只考虑了高管团队的权力分布特征，而忽略了整个董事会及其他决策团队的权力分布特征，尤其是在董事会成员和高管成员存在交叉任职的情况下，这种忽视必然导致研究出现矛盾性结论。而对于中国国有企业来讲，由于其领导管理体制的特殊性，党组织同样扮演了重要的决策主体角色。因此，本书将在现有文献重点考虑董事会和高管层的基础上，将党组织纳入国有企业决策层当中，尤其是在党组织成员、董事会成员和高管层成员存在交叉任职的情况下，从整个决策层的权力分布特征出发进行研究。

2.4 企业投资决策的研究

投资问题是经济学重点关注的基本问题之一。早期，在新古典经济学理论影响下，学术界将企业投资问题视为最优资本存量的调整问题，并提出了投资加速器理论、现代厂商投资理论和 Q 理论等。这些理论的发展构成了新古典框架下，对企业投资分析的技术型路线。其共同特点是：将企业投资问题视为技术问题，企业的投资偏好主要与技术偏好、资本成本、产出需求等相关。其研究的共同缺陷表现在：忽视了企业内部治理结构等因素和外部市场因素，企业经营被视为标准的生产函数，将其投资决策过程当作"黑箱"处理。

根据新古典投资理论，当企业投资的边际成本等于边际价值时，企业投资效率最优。因此，企业应当投资于净现值为正的项目，直至边际成本等于边际价值。然而，现实中的企业投资行为与上述理论内容偏离较大。特别是关于企业非效率投资现象，新古典投资理论的解释有效性不足。

自20世纪70年代起，随着信息经济学的发展，研究者们认识到新古典经济学框架下的完美市场假设，忽视了信息不对称和不完全的客观存在。同时，也忽视了由于信息不对称和不完全所导致的企业委托代理问题。从而难以解释企业投资实践中的非效率投资问题。基于此，学术界开始将各种不完美的市场因素引入企业投资问题研究中，并形成了基于信息不对称和委托代理的投资理论。

更进一步地，随着市场有效性和理性经济人假设的放松，以及行为金融学的兴起，研究者将行为金融学的相关知识引入企业投资问题的研究，形成了基于行为金融学的投资理论。而近年来，新兴市场国家在全球市场经济中的影响力日益提升。与成熟市场经济国家不同，在新兴市场国家经济发展过程中，政府对经济的影响占据主导地位。部分学者对于新兴市场国家特殊制度环境下的企业投资问题进行了研究，虽然尚未形成系统的投资理论，但是在政府干预与企业投资关系方面的研究，取得了一些具有创新性和学术价值的研究发现。

总体来看，在关于企业投资研究的发展过程中，先后出现了投资加速器理论、现代厂商投资理论、Q理论、MM理论、权衡理论，以及从信息不对称视角、委托代理视角、行为金融学视角和政府干预视角进行的研究。考虑到理论时效问题，本书主要对信息不对称视角、委托代理视角、行为金融学视角和政府干预视角进行的研究作详细评述。

2.4.1　信息不对称视角的研究

根据信息不对称理论，企业如果存在信息对称的条件，那么企业依据净现值法则进行投资决策，而无须考虑融资成本问题。而在现实经济环境中，信息不对称的情况会对企业的融资成本产生影响。进而，企业的投资决策会受到不同融资方式融资成本的影响而发生变化。尤其当需要通过外部融资方式筹集资金时，外部投资者处于信息劣势地位，难以获取对企业投资项目的完全信息，会导致企业融资决策面临逆向选择的困境。

依据信息不对称理论，迈尔斯（Myers，1977）研究表明，企业内部决策者和外部投资者之间存在严重的信息不对称。外部投资者难以对企业所发行的融资债券进行准确的价值判断。在逆向选择情况下，只要企业需要通过发行融资债券来进行资金募集，就会出现投资不足的问题（Myers，1977）。

法扎里等（Fazzari et al.，1988）的研究是较早对企业融资约束与投资行为关系进行的实证检验。该研究基于信息不对称理论，检验了融资约束对企业投资行为的影响。经验证据显示，企业股利收入与投资—现金流敏感性负相关。因此，该研究认为，企业投资行为会受到融资约束的影响，而这将导致企业更加依赖内部现金流，从而导致投资—现金流敏感性的提高。星等（Hoshi et al.，1991）以日本企业为样本，检验企业融资约束对投资行为的影响。研究发现，与银行无密切关系的企业负债收益为 0.66，而与银行有密切关系的企业负债收益为 0.97，前者的投资对现金流的敏感性较高（Hoshi et al.，1991）。因此，该研究认为，企业融资约束与投资—现金流敏感性存在正向相关关系，研究结论支持了法扎里等（1988）的研究。

但是，也有学者对法扎里等（1988）和星等（1991）的研究提出了质疑。卡普兰和辛加莱斯（Kaplan & Zingales，1997）通过对法扎里等（1988）论文中 1970～1984 年美国制造业 421 家公司中，受融资约束程度较高的企业为研究样本进行研究发现，融资约束与企业的投资—现金流敏感性负相关。以其他指标测量融资约束进行稳定性检验，结论依然没有实质性改变。作者对研究结果与 FHP 的差异性的解释归结为三点：一是托宾 Q 值不能完全代表企业投资机会；二是数据中可能存在异常值；三是样本公司中存在陷入破产风险的企业，其现金流出现异常情况。

与西方学者相似，部分中国学者也从信息不对称视角对企业投资行为进行了研究。沈红波等（2010）研究证实，企业融资约束会提升企业投资—现金流敏感性。金融发展有助于改善企业融资约束。但相对于国有上市公司，金融发展对企业融资约束的缓解效应在民营企业中更显著。屈文洲等（2011）研究检验了中国情境下的信息不对称、融资约束与投资现金流敏感性问题。经验证据显示，企业融资约束程度越高，企业投资支出比例越低。进一步研究发现，企业融资约束与投资—现金流敏感性之间并不是线性关系。

2.4.2　委托代理视角的研究

相对于从事前信息不对称视角对企业投资效率问题进行分析，委托代理理论主要是从事后的道德风险视角进行研究。其基本内容是：即使不考虑事前信息不对称状态，企业能够获得所需的投资资金，但由于投资者与管理者之间的利益不一致所导致的代理问题，管理者则可能将有限的资金用于能够提高私人收益的项目上，而导致企业非效率投资的发生。

施莱弗和维什尼（Shleifer & Vishny，1989）较早地基于委托代理理论研究了企业投资行为。研究发现，管理者偏好于投资其所熟悉的领域，即专用性投资。而专用性投资能够降低管理者被替换的风险，且有助于管理者薪酬的增加，即专用性投资会导致"堑壕效应"的产生。而这种专用性投资并不一定具有效率。理查森（Richardson，2006）创造性地从会计角度，将企业新增投资分为正常增加的投资和净现值为负的投资。以 1988～2002 年 58053 家美国企业为样本进行检验发现，大约有 20% 的自由现金流被用于过度投资，另外 41% 的自由现金流被管理者留用，进一步检验发现，大部分公司治理变量难以有效抑制企业过度投资行为（Richardson，2006）。

中国学者依据委托代理理论，结合中国国情，在关注股东与经理人之间的代理问题的同时，也重点研究了股东之间的代理问题，从而使得中国关于代理问题与企业投资效率的研究与国外研究相比有所差异。罗明琦（2014）研究显示，企业股东与管理者之间代理问题的存在，导致企业代理成本与投资效率显著负相关。从企业产权性质的对比来看，私有控股企业更容易出现投资不足的现象。窦炜等（2011）研究发现，在大股东绝对控股条件下，企业的过度投资扭曲程度与控股大股东持股比例呈负相关关系，而投资不足则与其呈现出正相关关系（窦炜等，2011）。研究证实，股东之间的代理问题是造成企业非效率投资的主要动因之一。

总体来说，信息不对称和委托代理视角的研究，不再将企业投融资问题视为单纯技术问题，开始探讨融资结构与最优投资行为之间的内在联系及作用机制，关注企业内部治理结构和外部金融市场因素的影响作用。但这两个视角的研究假设主要建立在决策者理性的前提下，忽视了决策者非理性行为的影响。

2.4.3　行为金融学视角的研究

信息不对称和委托代理视角的企业投资研究，共同遵循的研究假设是：管理者是遵循利己主义的理性决策者。但是，自西蒙开始，这一研究假设日益受到质疑。自 20 世纪 70 年代起，部分学者将心理学、行为学和社会学理论纳入企业财务研究，取得了一系列研究成果。根据行为金融学理论，在企业实践中，投资者与企业决策者都会出现认知偏差和情绪波动情况，从而使投资决策偏离最优决策。现有研究主要集中于探究投资者非理性行为和管理者非理性行为的影响。

在管理者非理性行为方面，主要集中于探究管理者过度自信和从众行为对企业投资的影响。希顿（Heaton，2002）研究认为，即使不存在信息不对称和委托代理问题，企业决策者的心理乐观状况也会对企业投资行为产生影响。过度自信的管理者不愿意对外筹资，企业内部融资成为主要的筹资手段，当企业面临较好的投资机会时，可能会因内部现金流紧缺而导致投资不足。同时，过度自信的管理者可能会高估项目盈利前景，从而引发过度投资（Heaton，2002）。

希顿（2002）的研究得到了诸多经验证据的支持。马尔门迪尔和泰特（Malmendier & Tate，2005）研究显示，过度自信的 CEO 往往对企业投资项目的质量存在高估倾向，并倾向于选择留存收益作为项目资金的首要来源。企业留存收益越高，投资项目越多。格拉泽等（Glaser et al.，2007）研究发现，企业管理者的过度自信程度高于普通人，而管理者的过度自信程度与企业投资水平显著正相关。同时，管理者的过度自信会提高企业的投资—现金流敏感性，而这种情况在融资约束程度较高的企业中更为显著。李云鹤和李湛（2011）以中国企业为样本进行研究发现，管理者过度自信会导致企业过度投资行为的发生（李云鹤和李湛，2011）。

在投资者非理性行为方面，研究者主要集中于探析投资者情绪对企业投资行为的影响。贝克尔等（Baker et al.，2003）的研究以托宾 Q 比率代表投资者情绪，以 KZ 指数来衡量企业外部股权融资依赖程度。研究发现，当投资者情绪悲观时，投资水平受股价变化的影响会更大。以融资约束程度对样本进行分组检验，在控制其他变量的影响后，发现在企业融资约束程度较高的情况下，企业投资与股价波动性之间存在正向关系（Baker et al.，2003）。波尔克和萨皮恩扎（Polk & Sapienza，2009）以企业股权定价代表投资者情绪进行研究发现，企业投资对股权错误定价的敏感性较高。潜在投资者会通过观察企业投资行为对企业价值进行评估，当投资者对企业前景过于乐观时，管理者会迫于投资者情绪而产生过度投资行为（Polk & Sapienza，2009）。花贵如等（2010）研究检验了投资者情绪与企业投资行为的关系。经验证据显示，在中国资本市场，投资者情绪会导致企业资源配置效率降低。

2.4.4　政府干预视角的研究

在中国渐进式改革过程中，政府发挥了至关重要的作用，而政绩考核和官员晋升又强化了地方政府介入微观经济活动的动力，从而使得中国企业的投资行为会受到政府干预的影响。相关学者结合具体的中国国情，从政府干预角度对中国企业的投资行为进行了研究，并取得了一系列有价值的研究成果。

政府干预企业投资的路径主要包括：一是产权机制，在具体方式上主要有三种：产权控制、股权投资和产权保护。通过对国有企业产权的直接控制和行使，政府部门可以更加直接地影响企业投资决策（郝颖和刘星，2011）。二是行业管制。管制行业与政府之间存在密切的利益联盟关系，政府以及政府官员为实现自身政治利益，会通过价格管制、特许经营权等管制方式来实现其政治目的（Shleifer & Vishny，1994），进而影响企业的投资行为。三是资本市场干预。相对于一般性的行业管制而言，资本市场干预主要表现为政府对银行贷款以及对企业 IPO 的行政干预，进而影响企业投融资决策（于富生和王成方，2012）。四是财税政策。政府为了促进地方经济发展或实现其他目的，会通过税收优惠或补贴政策，来改变某些产业或企业的收益状况。财税优惠政策成为政府部门对企业进行利益诱导的主要方式之一，进而会影响企业的投融资决策行为（汪秋明等，2014）。

从政府干预企业投资的结果来看，政府对企业投资绩效的影响主要表现为两种效应——"扶持效应"和"掠夺效应"。前者表现为政府通过实施促进企业成长的措施支持企业发展（钟海燕等，2010），提升企业投资效率。后者表现为政府为实现财政收入以及其他社会或政治目标，侵占企业财富或干预企业投资，使其偏离效率目标（陈德球和李思飞，2012）。

总体来看，该视角的研究考虑了政府干预等外在制度环境因素的影响，关注外部制度环境与公司投融资行为的关系。但目前尚未形成统一的研究范式和系统的理论体系，研究成果散见于各学科。

2.5　文献评述

综合国内外经济管理学界对国有企业混合所有制改革、企业决策权配置以及企业投资决策的相关研究文献，围绕关于本书提炼的"在混合所有制改革背景下，作为国有企业战略决策主体的党组织、董事会和高管层，应该如何优化其权力分布去改善企业投资决策的经济后果？"这一科学问题的研究状况，可以发现在该主题的研究上，存在以下值得扩大研究的地方。

首先，部分学者重点关注了中国经济发展过程中，政府治理因素对微观企业部门投资决策的影响，并形成了该领域研究的逻辑。一系列的研究成果为解释中国特有的经济现象和企业问题作出了贡献，并呈现出较强的"政府—政策—企业"范式。但是，中国学者在实证研究方面呈现出片段化、碎片化的特征。

其次，对于制度变革如何影响国有企业内部权力分布及投资决策这一科学问题的研究，大多聚焦于单一决策主体层次。而国有企业混合所有制改革所引致的治理主体多元化，势必影响到国有企业内部决策层在战略决策过程中的权力配置，并改变企业决策层权力结构，形成差异化的权力分布状态，并由此改变企业投资决策的经济后果。但决策权配置作为一种聚焦于企业如何进行决策权配置，创造企业价值的微观组织制度安排，在现有文献中，已有研究主要关注单一的决策者权力分布特征，如领导权结构，鲜有研究综合考虑不同方面的决策权配置状态。尤其是关于多个团队共同决策、团队成员交叉任职情况下，决策权配置状态及其动态变化情况的研究较少。

最后，由于信息不对称、代理冲突、非理性行为和政府干预等因素的存在，国有企业并不会完全按照经典投资理论的净现值法则进行投资，而是经常出现过度投资或投资不足行为，这在理论和经验证据上已经被证实。而在当前企业内外部治理机制之下，这些影响因素尚未消除。但是，正如前文所述，现有研究文献主要是根据不同的理论，分别独立展开研究与分析。综合运用公司治理、战略管理与投资决策相关理论的交叉研究不多，但这种交叉研究恰恰是解构当前国有企业决策权配置合理性和投资决策科学性的重要内涵，并可以以此为基础，还原在当前混合所有制改革背景下，国有企业权力配置与投资决策行为的动态属性。

第 3 章

国有企业混合所有制改革与决策权配置

本章着力回答本书的科学问题所分解的，有关"国有企业混合所有制改革究竟如何影响企业决策权配置"的问题。基于现有相关理论和研究成果，分析国有企业混合所有制改革与企业控制权配置模式之间的关系，并利用上市国有企业的相关数据进行实证检验，从而为后续章节对本书其他子问题的分析和检验提供支持。

3.1 国有企业混合所有制改革的基本情况

3.1.1 中国国有企业股权构成的特点及发展趋势

自党的十四届三中全会放权让利阶段以来，

中国国有企业改革的历史序幕正式拉开。经过 30 多年的改革，中国国有经济已经基本形成了国资委负责监督国有资产保值增值目标，国有企业内部也已建立起了现代化的公司治理制度和股权制度，通过公开上市，引入非国有资本等形式，国有企业基本完成了公司制股份制改革，公司竞争力有了很大的提高，对社会整体经济发展作出了巨大贡献。中国国有上市公司公司治理过程中的第一个典型问题便是集团公司治理问题。集团公司一般都具有极大的经营规模，这些规模巨大的国有企业一般是通过旗下子公司分开上市的形式来实现公司的股份制改造。

根据中国国有上市公司的实践来看，国有股一股独大的现象已经得到部分缓解，非国有资本在国有上市公司的运作和实际公司治理活动中所发挥的作用也越来越大。国家统计局发布的 2016 年国民经济和社会发展统计公报显示，中央企业及其子企业控股的上市公司总共 378 家，上市公司中非国有股权的比例已经超过 53%。地方国有企业控股的上市公司有 681 家，上市公司非国有股权的比例已经超过 60%。在部分中央或者地方国有企业内部，国有资本所占的比率甚至已经缩小到了 20% 以下。国有股一股独大现象的缓解使得非国有资本具有更大的积极性参与到国有上市公司的治理活动当中，极大地提高了国有上市公司的治理水平。而随着国有经济结构的战略性调整和现代化企业制度的建立和完善，国有企业的产权制度、管理体制、治理结构发生了根本性变化，国有企业成为具有较高劳动生产率、较强盈利能力和竞争力的新国有企业（洪功翔，2006）。

2015 年发布的《中共中央、国务院关于深化国有企业改革的指导意见》提出，要"坚持公有制主体地位，发挥国有经济主导作用，积极促进国有资本、集体资本、非公有资本等交叉持股、相互融合，推动各种所有制资本取长补短、相互促进、共同发展"。对于商业类国有企业，要按照市场化要求实行商业化运作，以增强国有经济活力、放大国有资本功能、实现国有资产保值增值为主要目标，依法独立自主地开展生产经营活动，实现优胜劣汰、有序进退。而对于主业处于充分竞争行业和领域的商业类国有企业，原则上都要实行公司制股份制改革，积极引入其他国有资本或各类非国有资本实现股权多元化，国有资本可以绝对控股、相对控股，也可以参股，并着力推进整体上市。对这些国有企业，重点考核经营业绩指标、国有资产保值增值和市场竞争能力。

此次国有企业改革重点强调国有企业的公司制股份制改革、国有企业混合所有制改革和引入非国有资本参与国有企业改革。加大集团层面公司制改革力度，积极引入各类投资者实现股权多元化，大力推动国有企业改制上市，创造条件实现集团公司整体上市。根据不同企业的功能定位，逐步调整国有股权比例，形成股权结构多元、股东行为规范、内部约束有效、运行高效灵活的经营机制。允许将部分国有资本转化为优先股，在少数特定领域探索建立国家特殊管理股制度，以促进国有企业转换经营机制，放大国有资本功能，提高国有资本配置和运行效率，实现各种所有制资本取长补短、相互促进、共同发展为目标，稳妥推动国有企业发展混合所有制经济。

对通过实行股份制、上市等途径已经实行混合所有制的国有企业，要着力在完善现代企业制度、提高资本运行效率上下功夫；对于适宜继续推进混合所有制改革的国有企业，要充分发挥市场机制作用，坚持因地施策、因业施策、因企施策，宜独则独、宜控则控、宜参则参，不搞"拉郎配"，不搞全覆盖，不设时间表，成熟一个推进一个。改革要依法依规、严格程序、公开公正，切实保护混合所有制企业各类出资人的产权权益，杜绝国有资产流失；鼓励非国有资本投资主体通过出资入股、收购股权、认购可转债、股权置换等多种方式，参与国有企业改制重组或国有控股上市公司增资扩股以及企业经营管理。实行同股同权，切实维护各类股东的合法权益。在石油、天然气、电力、铁路、电信、资源开发、公用事业等领域，向非国有资本推出符合产业政策、有利于转型升级的项目。依照外商投资产业指导目录和相关安全审查规定，完善外资安全审查工作机制。开展多类型政府和社会资本合作试点，逐步推广政府和社会资本合作模式。

从国有企业改革的政策可以看出，对于国有企业未来的管理将重点强调分类改革，对于竞争类的国有企业将通过改制成上市公司来进一步引入非国有资本参与到公司治理的活动当中来。通过混合所有制改革和股份制改造，国有企业公司治理将面临新的问题，而最为突出的便是非国有资本的参股将直接导致国有企业必须承受来自资本市场的压力，作为外部治理的一部分，这些来自资本市场的压力将对国有企业的公司治理活动产生新的更加深远的影响。通过股份制改造，公司实现上市，在这种情境下，国有企业必然要面临股价波动的风险，而股价的波动会直接影响公司的市值。

根据古典经济学理论，在市场信息充分对称且市场参与主体完全理性的情况下，市场存在的契约具备完全性。基于经济学理论中市场出清的假设，市场供需平衡，交易就会出现帕累托最优情形，交易主体达到效用最大化和利润最大化，从而实现市场均衡。在前述经济学情境中，股票价格能够充分体现市场上与公司有关的各种信息，投资者可以主动或被动地采取行动以激励和约束企业经营者，从而实现有效的公司治理；可以通过并购等外部市场行为来解决由于企业内部人控制产生的治理难题；投资人可以利用经理人市场提供的有效信息决定经营者的去留，达到有效治理的目的。在特定条件下，市场治理将比政府管控更加高效。为了实现国有资产保值增值的目的，国有企业负责人必须寻求更加有力的公司治理模式，意图保持公司的股价处于较高的位置。一旦公司股价出现下滑，管理层便会面临被解聘的风险，管理层出于维护自身利益以及名誉的需要，必然要选择提高公司的经营效率，提高公司治理水平。独立董事制度、董事会制度、股东大会制度等公司治理的基本制度将被全部激活，带来国有企业公司治理水平的整体提升。国有企业是全体国民共同所有的企业，并由代表全体国民意志的国家来管理。然而，在实践中，国家只是一个虚拟的参与方，即使通过国资委或者地方国资管理部门，国家在国有企业的管理过程中也难以像非国有股东一样。在这种情况下，国有上市公司的股权治理机制便显得更为重要。

综合以上分析，可以看出，中国国有上市公司股权治理过程中所呈现出的典型问题可以归结为：（1）企业集团化治理问题；（2）国有股一股独大问题；（3）内部人控制问题；（4）企业集团化治理现象明显。伴随着中国国有企业改革进程的进一步深入，更多的国有企业将通过股份制改造实现上市，因而，公司治理问题在未来的国有上市公司中显得更为重要。

3.1.2　混合所有制改革的背景与原因

党的十一届三中全会后，改革开放成为中国社会发展的主线，国有企业改革成为其中的中心环节。经过 30 多年的改革，中国国有经济已经基本形成了国资委负责监督国有资产保值增值目标，国有企业内部构建起现代化的公司治理制度和股权制度的格局。通过公开上市，引入非国有资本等形式，国有企业基本完成了公司制股份制改革，公司竞争力有了很大的提高，对社会整体经济发展作出了巨大贡献，这也凸显出了国有企业改革的重要意义和价值。改革开放以来，国有企业改革大致经历了五个阶段：放权阶段（1978～1984 年）、权力分离阶段（1984～1992 年）、现代化阶段（1993～2003 年）、股份制阶段（2003～2013 年）和混合所有制改革阶段（2013 年至今）。2013 年 11 月 9 日，党的十八届三中全会《中共中央关于全面深化改革若干重大问题的决定》明确提出"积极发展混合所有制经济"。纵观国有企业混合所有制改革的提出，有其重要的宏观层面的改革背景。

一是经济体制全面深化改革的需要。党的十五届四中全会明确提出，股份制可以成为公有制经济的主要实现形式。在此背景下，国有企业开始了股份制改造，当前，股份制改造已基本结束，经济建设与改革到了关键期和深水期。进一步推进经济体制改革，要坚持市场化取向的全面深化改革思路，就需要正确处理好政府与市场的关系，减少政府对资源的直接配置，坚持市场在资源配置中的决定性作用。这不仅为国有企业持续导入现代企业制度奠定了更坚实的制度基础，也有助于促进市场主体之间的竞争效率和创新驱动行为，构建企业可持续发展的有效机制。在公有制体制下，由于资源的不合理配置与效率的浪费，使得部分国有企业缺乏竞争力与创新力。对国有企业进行混合所有制改革的同时，国有企业治理结构、人才机制以及管理体制等方面都会发生全新的转变，有助于更好地实现国有资产的保值增值，促进公有资本的增值。党的十八届三中全会明确提出，混合所有制经济是基本经济制度的重要实现形式，要以完善产权保护制度为基础，积极发展混合所有制经济。这不仅有利于非公有制经济的发展，也有助于推动经济高质量发展和经济体制全面深化改革。

二是促进宏观经济又好又快发展的需要。2008 年全球性金融危机以来，中国经济发展步入新常态，经济下行压力较大。宏观经济层面产业结构单一、落后产能较高、供给侧结构性问题凸显，严重影响了我国国有企业尤其是国有企业盈利能力和市场竞争力的提升，进而影响中国宏观经济的健康稳定发展。2016 年 12 月中央经济工作会议明确提出，要解决中国经济重大结构性失衡的问题，其中，国有企业的问题是不容忽视的，在此情况下，利用混合所有制改革对国有企业进行治理优化，提升国有企业的市场活力，就成为促进我国宏观经济发展的重要手段之一。

三是国有企业自身实现资产保值增值和提升市场竞争力的需要。通过多年的市场经济体制改革，通过股份制改革和剥离辅业，许多国有企业实现了成功上市。要想保证国有资本保值增值的基本任务和目标得以实现，就需要保证国有股在国有企业经营过程中具有足够的决策力度；而要想提升国有企业的市场竞争力，就必须激发非国有资本的积极性，从而促进国有企业公司治理效率的提升。

然而，多年来中国国有企业在治理过程中形成了诸多具有其自身特点的股权治理模式。中国国有企业在股权分配上具有典型的国有股一股独大的特点，一股独大保证了国有资本对于国有企业具有足够的控制权，但是也导致了诸如内部人控制问题，中小股东参与公司治理的积极性较弱等问题。国有企业混合所有制改革的一个基本原则便是引入非国有资本参与到国有企业中来，积极参与国有企业的治理活动，进而促进国有企业治理效率和企业竞争力的提升。

从微观国有企业发展实践和学术研究成果来看，国有企业进行混合所有制改革的动因主要在于，国有企业股权构成特征对国有企业公司治理和企业发展造成了消极影响，只有积极推进混合所有制改革，才能更好地激发国有企业活力，增强其市场竞争力。

3.1.3 国有企业混合所有制改革的主要历程

国有企业混合所有制改革是我国所有制结构变化的历史延续，自新中国成立以来，我国所有制结构经历了如下四个阶段的变化。

（1）1949～1952年：我国所有制结构中以国有国营经济为主导，个体经济为主体，多种所有制经济并存。1952年，在整个国民经济收入中，国有国营经济占19.10%，集体经济占1.50%，公私合营经济占0.70%，私人资本主义经济占6.90%，农业和手工业者的个体经济占71.80%，如图3.1所示。

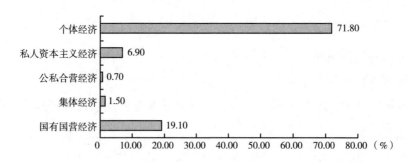

图3.1 不同所有制经济贡献

资料来源：裴长洪．中国公有制主体地位的量化估算及其发展趋势［J］．中国社会科学，2014（1）．

（2）1952～1956 年：我国所有制结构以公有制为主体，以国有经济为主导，多种所有制经济并存。1956 年，在整个国民经济收入中，国有经济占 32.20%，集体所有制经济占 52.40%，公私合营经济占 7.30%，私营经济占 1.00%，个体经济占 7.10%，如图 3.2 所示。

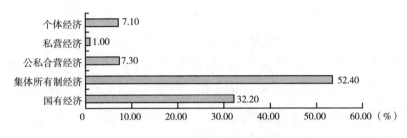

图 3.2　不同所有制经济比重

资料来源：裴长洪. 中国公有制主体地位的量化估算及其发展趋势 ［J］. 中国社会科学，2014（1）.

（3）1956～1978 年：我国所有制结构是一大二公的单一公有制形式。1978 年，我国的国有经济占 56.00%，集体所有制经济占 43.00%，个体经济约占 1.00%，基本没有私营经济，如图 3.3 所示。

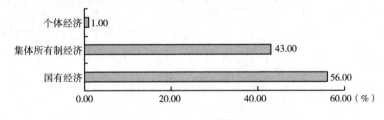

图 3.3　不同所有制经济比例

资料来源：裴长洪. 中国公有制主体地位的量化估算及其发展趋势 ［J］. 中国社会科学，2014（1）.

（4）1978 年以后：党的十一届三中全会拉开了所有制改革大幕，城乡个体经济逐步产生和壮大，股份制经济不断涌现；党的十五大确立了公有制为主体，多种所有制经济共同发展的基本经济制度。1978 年以后，个体私营经济和民营企业数量增长较快，多种所有制经济蓬勃发展。截至 2019 年，依据国家统计局数据，我国公有制经济在所有制结构中的比重为 65.2%，其中国有经济和集体经济的比重分别为 36.9% 和 28.3%。

面对中国经济发展的客观实际，2013 年 11 月 9 日，党的十八届三中全会《中共中央关于全面深化改革若干重大问题的决定》明确提出"积极发展混合所有制经济"，也出台了一系列相关政策文件，形成了 1 + N 的政策体系；2016 年进行了十项改革试点不断推动混合所有制改革的发展。党的十九大报告再次强调，"要深化国有企业改革，发展混合所有制经济"。2018 年开展了"双百行动"，2019 年发布了操纵性指南。

总的来说，自实施混合所有制改革工作以来，国家和相关政府部门对国有企业混合所有制改革工作高度重视，政策层面跟进及时，实践层面在稳中有序地推进，成效明显。

3.1.4 国有企业混合所有制改革现状

2013 年 11 月明确提出"积极发展混合所有制经济"以来，混合所有制改革逐步推进，在稳中有序中已经进入高潮。截至 2016 年底，中央企业二级子企业已有 68.9% 的企业进行了混合所有制改革，重点行业领域两批 19 家企业进行了混合所有制改革试点工作。据中国经济网报道，截至 2017 年 3 月底，中央企业 10 家子公司以及 126 家地方国有企业开展了员工持股试点工作。当前混合所有制改革的基本现状如下所述。

3.1.4.1 "1 + N" 政策体系初步形成

2015 年 9 月，中共中央、国务院印发了《关于深化国有企业改革的指导意见》的文件，成为指导国有企业混合所有制改革的主导政策指南，随后出台了一系列相关配套文件，形成了"1 + N"的政策体系，具体政策文件如表 3.1 所示。

表 3.1   国有企业混合所有制改革相关政策文件

主要目的及作用	具体政策文件
分类推进国有企业改革	《关于国有企业功能界定与分类的指导意见》 《关于完善中央企业功能分类考核的实施方案》
完善现代企业制度	《关于进一步完善国有企业法人治理结构的指导意见》 《关于开展市场化选聘和管理国有企业经营管理者试点工作的意见》 《关于深化中央管理企业负责人薪酬制度改革的意见》 《关于合理确定并严格规范中央企业负责人履职待遇、业务支出的意见》
完善国有资产管理体制	《关于改革和完善国有资产管理体制的若干意见》 《关于推动中央企业结构调整和重组的指导意见》
发展混合所有制经济	《关于国有企业发展混合所有制经济的意见》 《关于鼓励和规范国有企业投资项目引入非国有资本的指导意见》 《关于国有控股混合所有制企业开展员工持股试点的意见》
强化监督防止国有资产流失	《关于加强和改进企业国有资产监督防止国有资产流失的意见》 《关于建立国有企业违规经营投资责任追究制度的意见》 《企业国有资产交易监督管理办法》 《上市公司国有股权监督管理办法》 《关于加强和改进国有企业监事会工作的若干意见》
加强和改进党对国有企业的领导	《关于在深化国有企业改革中坚持党的领导和加强党的建设的若干意见》
为国有企业改革创设良好环境	《国家发改委关于支持国有企业改革政策措施的梳理及建议》 《关于印发加快剥离国有企业办社会职能和解决历史遗留问题工作方案的通知》

资料来源：笔者根据调研资料整理。

3.1.4.2 分类改革为混合所有制改革深化奠定了基础

2015 年，政策层面先后出台了《中共中央 国务院关于深化国有企业改革的指导意见》与《关于国有企业功能界定与分类的指导意见》明确了要根据实际，对国有企业进行功能界定和分类，根据分类性质采取不同的改革方式推进国有企业混合所有制改革。

当下中央企业和地方政府完成了企业功能界定与分类方案，但在政策落地执行方面相对滞后，切实在实践上进行分类国有企业混合所有制改革尚不多见，且地方政府政策与中央层面的政策相似度较高，个性化不强。其中上海和深圳的分类改革实践相对具有一定的示范效应。上海市的做法是依据国有企业市场功能的差异性，兼顾企业当前的公司治理结构和市场地位，以相关财务指标为依据，将国有企业分为竞争类、功能类和公共服务类三种类型，依据不同的类型分类推进。深圳则是对国有资产进行统一监管，依据企业历史沿革和当前发展实际，确定企业功能界定和分类考核办法，采用"一企一策"的办法对企业进行考核。

总的来说，分类改革明确了不同国有企业的功能界定和改革方式，分类改革有助于确保对关系国民经济命脉和社会公共影响的企业的国家掌控力，同时对处于充分竞争领域的企业能够激发其市场活力。从而为国有企业进行现代公司治理制度建设、提升市场竞争力、放大国有资本功能指明了发展方向。

3.1.4.3 "国资委+运营/投资公司+国有企业"的三级管理结构逐渐形成

自2003年国资委成立以来，对国有资产的管理一直施行的是"国资委+国有企业"的二级管理架构，通过这种架构管人、管事、管资产。2016年12月，中央全面深化改革领导小组审议通过了《国务院国资委以管资本为主推进职能转变方案》（以下简称《方案》）。2017年4月，国务院办公厅转发该方案，取消、下放、授权43项国资监管事项。《方案》明确提出，国资委取消、下放和授权相关国资事项。要增加国有企业的自主经营管理权限，企业依法履行股东职责，国有企业二级子公司事项归属企业集团管理，高管人员的选聘与考核工作由企业自主决定。2020年2月，国务院印发《"双百企业"推行经理层成员任期制和契约化管理操作指引》和《"双百企业"推行职业经理人制度操作指引》，进一步明确了国有企业混合所有制改革过程中的自主决策事项的操作指南。

国资委的工作重心在于"管资本",先后成立了一些国有资本投资公司、运营公司,作为国有资本授权经营体制改革的重要平台。当前,中央层面成立了中国国有企业结构调整基金(以下简称国调)和中国国有资本风险投资基金(以下简称国风投)两大基金(见表3.2),同时推动成立了"2+8"的资本投资平台,即诚通集团、中国国新2家运营公司试点,以及国投、中粮集团等8家投资公司试点。据《经济参考报》报道,地方政府中,多家省级国资委组建了国有资本运营平台。这样就在国资管理层面由传统的"国资委+国有企业"的二级管理架构转变为"国资委+运营/投资公司+国有企业"的三级管理架构,由"管资产"转向"管资本"为主。在此背景下,从监管体系层面进一步深化了改革,推动了不同利益主体权责利的被执行变化,从而有助于国有企业进一步完善公司治理结构,也为国有企业混合所有制改革进一步深化实践提供了合法性依据。

表 3.2 　　　　　　　　　　　国调和国风投两大基金概况

基金名称	中国国有企业结构调整基金
设立日期	2016 年 9 月 22 日
规模	总规模为 3500 亿元人民币,注册资本金为 1310 亿元人民币
基金定位	主要通过母子基金、直接投资相结合的方式重点服务于国有企业发展,支持国有企业行业整合、产业化重组、产能调整和国际并购等项目
股东	包括中国诚通控股集团有限公司、中国兵器工业集团公司、中国石油化工集团公司、神华集团有限责任公司、中国中车集团公司等 10 家中央和地方国有企业及金融机构
基金名称	中国国有资本风险投资基金
设立日期	2016 年 8 月 18 日
规模	总规模为 2000 亿元人民币,注册资本金为 1000 亿元人民币
基金定位	按照市场化原则运作,主要投资于企业技术创新、产业级项目,促进中国国有企业间合作,积极支持小微企业创新投资,助力"大众创业、万众创新"
股东	中国国新控股有限责任公司、中国邮政储蓄银行股份有限公司、中国建设银行股份有限公司、深圳市投资控股有限公司

资料来源:国务院国资委官网。

3.1.4.4 混合所有制改革从非垄断行业向垄断行业迈进，从子公司、项目层面逐渐向集团公司层面推进

在早期的混合所有制改革过程中，出于防止国有资产流失和竞争力削弱的考虑，国有企业推行混合所有制改革的力度不够，尤其是在垄断性行业中没有实质性推进。从 2016 年开始垄断行业混合所有制改革推进力度加大，2016 年 10 月中央公布了联通集团等第一批 10 家混合所有制改革试点名单；2017 年进行了第二批试点改革，并在电力、石油、天然气、铁路、民航、电信、军工等传统垄断行业迈出实质性改革步伐。同时早期的混合所有制改革主要是在二级、三级子公司层面进行，2017 年开始逐渐向集团公司层面推进。

截至 2017 年 3 月底，126 家省级国资委监管的一级企业集团层面完成了混合所有制改革。国家发改委官网显示，截至 2019 年，前三批混合所有制改革试点企业中，有超过 40% 的企业已经完成了引入战略投资者和股权激励等改革，其他改革工作也正在推进当中。第四批进行混合所有制改革试点的企业改革方案已基本落实推进。

3.1.4.5 "双百行动"推进稳中有序，成效逐渐凸显

为进一步深化国有企业改革，推进混合所有制改革步伐，2018 年 3 月国资委发布《关于开展"国有企业改革双百行动"企业遴选工作的通知》，要求选择代表性较强、发展潜力较大、改革意愿较强的企业深入推进综合性改革，在 2018～2020 年全面落实"1＋N"国有企业改革要求。最终 200 余家中央国有企业、200 余家地方国有企业，合计 444 家企业入围。经过三年推进，"双百行动"取得了实质性进展，根据 2019 年国务院国资委"双百行动"进展情况媒体通气会报告，"双百行动"企业在完善现代公司治理结构，解决历史遗留问题，优化市场化经营机制等方面作出了实质性推进，各类企业引进

非国有资本 5384 亿元，完成改革任务 2524 项。总体上，股权多元化和混合所有制改革积极稳妥推进，企业法人治理结构更加完善，市场化经营机制持续健全，激励约束机制进一步优化，为深化国有企业综合改革作出了示范。

总的来说，根据中国国有上市公司的实践来看，国有股一股独大的现象已经得到部分缓解，非国有资本在国有上市公司的运作和实际公司治理活动中所发挥的作用也越来越大。在部分中央或者地方国有企业内部，国有资本所占的比例甚至已经缩小到了 20% 以下。国有股一股独大现象的缓解使得非国有资本具有更大的积极性参与到国有上市公司的治理活动当中，极大地提高了国有上市公司的治理水平。而随着国有经济结构的战略性调整和现代化企业制度的建立和完善，国有企业的产权制度、管理体制、治理结构发生了根本性变化，国有企业成为具有较高劳动生产率、较强盈利能力和竞争力的新国有企业（洪功翔，2006）。

从国有企业改革的政策可以看出，对于国有企业未来的管理将重点强调分类改革，对于竞争类的国有企业将通过改制成上市公司来进一步引入非国有资本参与到公司治理的活动当中来。通过混合所有制改革和股份制改造，国有企业公司治理将面临新的问题，而最为突出的便是非国有资本的参股将直接导致国有企业必须承受来自资本市场的压力，作为外部治理的一部分，这些来自资本市场的压力将对国有企业的公司治理活动产生新的更加深远的影响。通过股份制改造，公司实现上市，在这种情境下，国有企业必然要面临股价波动的风险，而股价的波动会直接影响公司的市值。

在特定条件下，市场治理将比政府管控更加高效。为了实现国有资产保值增值的目的，国有企业负责人必须寻求更加有力的公司治理模式，意图保持公司的股价处于较高的位置。一旦公司股价出现下滑，管理层便会面临被解聘的风险，管理层出于维护自身利益以及名誉的需要，必然要选择提高公司的经营效率，提高公司治理水平。独立董事制度、董事会制度、股东大会制度等公司治理的基本制度将被全部激活，带来国有企业公司治理水平的整体提升。国有企业是全体国民共同所有的企业，并由代表全体国民意志的国家来管理。然而，在实践中，国家只是一个虚拟的参与方，即使通过国资委或者地方国资管理部门，国家在国有企业的管理过程中也难以像非国有股东一样。在这种情况下，国有上市公司如何优化决策权配置便显得更为重要。

3.2 国有企业决策权配置的界定和测量

3.2.1 现有文献中关于决策权配置的界定和测量

传统商业组织以科层等级制为主的组织特征，使得早期的学者认为决策权的配置主要是纵向等级上的集权与分权问题。一类研究者将其限定在决策行为主体之间的权力分配方面，将决策权配置视为层级组织中高层管理者所拥有的权力程度，以及权力根据层级下放的程度（Young & Tavares，2004）。其中，集权主要是指组织内部的权力和权威高度集聚在高级管理者手中或者少数个体手中；分权则是指下级员工不受上层管理者干预的工作自主权。另一类研究者则认为，决策权配置是企业组织不同层级或不同组织单元之间的权力分配程度，如古普塔和戈文达拉詹（Gupta & Govindarajan，1991）认为，决策权配置是指内部母子公司之间，以及不同业务单元之间的决策权范围。

随着经营环境的日益复杂，企业组织中不同层级之间、不同业务单元和部门之间需要相互沟通交流信息，共同参与决策过程，才能有效提升决策质量。因此，学者们认为，决策权配置不仅需要考虑集权与分权的程度，还需要加入决策参与要素。其主流的观点是决策权配置可以从权力的等级、集聚性和参与决策三个方面进行界定和测量（Carter & Cullen，1984）。权力的等级和集聚性主要是指不同层级之间的分配与授权问题，属于决策权的结构性分配问题，参与决策主要是决策权集中和分散的度量问题，属于决策权的行为性分配问题。

决策权配置的另一层面就是决策权的横向分配，即决策权在同一层级不同个体或组织单元之间的分配情况。其中，横向集权主要是指决策权在同一层级不同个体或组织单元之间的集聚程度；横向分权则是指决策权的同一层级不同个体或组织单元之间的分散程度，体现为被允许现场作决策的单元或部门的数目（陈建安和胡蓓，2007）。横向分配中也会考虑到参与决策的问题，现有研究认为，参与决策主要包括单元之间的权力分配。跨层级边界的决策权传递方法主要有赋予团队自主权、进行战术商讨以及由跨职能委员会进行指导等（Christina & Sieloff，2003）。

在决策权配置测量方面，主要是依据决策权界定从纵向分配和横向分配两方面进行。纵向测量方面，一类研究是采用主观感知测量办法，如巴尔加瓦和凯尔卡（Bhargava & Kelkar，2001）、崔（Choi，2003）、林山等（2005）等主要依据权力等级和决策参与情况进行测量量表设计，以问卷调查作为主要研究方法和数据获取手段。另一类研究则是采用客观测量方法，从集权和分权的深度与广度等方面展开测量，具体如下所述。

一是权力分配层级方面，主流的测量方法主要是依据企业层级如基层员工、中层管理人员、副总、董事长等不同的级别来设置决策点，以平均层级为标志计算集权指数（Meagher & Wait，2004），具体计算如下：

$$c = \frac{4dm_{hm} + 3dm_{sm} + 2dm_{om} + dm_{em}}{\sum_{i=hm,sm,om,em} dm_i} \qquad (3-1)$$

其中，dm_i 表示 i 层级的决策指数。如果 i 层级制定某项决策，则 $dm_i = 1$；如果不制定则为 0。hm 表示高层管理人员；sm 表示高级现场经理；om 表示现场经理；em 表示一般员工。

二是集聚程度方面，研究者认为，决策事项在各层级之间的频率分布也能够反映权力大小，因此，卡特和卡伦（Carter & Cullen，1984）设计了决策权在不同层级之间的集聚程度的测量办法，具体采用如下计算方法：

$$DC_V = 1 - \frac{\sum\limits_{i=1}^{m} |x_i - \bar{x}|}{2\sum\limits_{i=1}^{m} x_i} \qquad (3-2)$$

其中，DC_V 表示决策权在层级之间的分散度；x_i 表示第 i 层级的决策事项数；$\bar{x}$ 表示所有层级决策事项的平均数。DC_V（$DC_V \leqslant 1$）越接近 1，决策权在各层级之间的分配就越分散；DC_V 越小，决策权可能就越集中在某个或某几个层级上。

三是组织的集权度方面，部分学者主要从公司治理角度进行测量，如有的学者提出，从结构性权力、所有者权力、专家权力和声望权力四个方面来测量企业中的权力（Finkelstein，1992）。也有学者采用薪酬差距进行衡量，如刘华（2002）。主流的做法则更注重结构性权力，即权力是否集中在最有权力的领导者手中，通常表现为董事长与 CEO 的两职合一情况。在实证研究中，通常将领导权结构情况采用 0~1 虚拟变量进行测量，两职合一代表权力较大的情况，赋值为 1，否则为 0。

决策权横向配置测量方面，主流的做法是采用权位值对权力配置进行量化处理（吴素文等，2002），具体计算如下：

$$p = \sum_{i=1}^{n} f_i(r, a, t) \qquad (3-3)$$

其中，p 表示权位值；n 表示权力客体的数量；r 表示权力客体的被影响程度；t 表示权力主体与客体之间的信息反馈时间；a 表示权力客体的能力。但是，吴素文等（2002）仅对权位值进行了理论阐述，并没有分析如何具体计算权位值。

总的来说，现有关于决策权配置的界定主要是沿着集权—分权连续带进行研究，将其视为决策权在组织的不同层级和不同主题之间的集中与分散状态。相关测量也主要依据权力的集中与分散程度进行测量。但是，现有关于决策权配置的界定与测量主要是围绕权力分布状态进行的，而忽视了作为决策权配置主要前置动因的股东性质及其偏好的影响，这就需要对决策权配置作进一步的界定和测量。

3.2.2 混合所有制改革背景下国有企业决策权配置的界定

面对竞争日益激烈和复杂的经营环境，为了寻求企业在可竞争的市场环境中，长期制胜于竞争对手或者构建和延续竞争优势（Barney，2006），现有研究的关注点已经从产业组织 I/O 观的组织外部因素转移到与组织反应速度相关的组织内部结构要素（包括组织的权力配置和组织架构），其中组织相应的速度和质量是组织内部决策水平的体现。一家企业只有实现对外部环境的科学快速反应，才能抓住市场机会，获得市场回报。因此，什么样的决策权配置方式有利于提升组织决策的科学性就成为学术界关注的焦点，这既是一个战略管理和公司治理交叉领域的重要问题，也是事关决策对象和高管及董事会等决策群体的行为主体问题（Chandler，1962；Ansoff，1965）。

事实上，20 世纪 90 年代蓬勃发展的战略管理领域主流理论之一，资源基础论（resource-based theory）用于检验由于资源异质性而造成的绩效差异（Peteraf & Barney，2003），但战略决策的行为属性却是资源基础观（resource-based view）难以准确控制的。而委托代理理论（principal-agency theory）作为现代公司治理的主要理论，对管理与组织研究产生了重要的影响，但也是富有争议的（Eisenhardt，1989），内在原因之一是代理理论的假设过于简单，难以反映真实的商业环境。

中国情境下的混合所有制改革政策设计和市场竞争中性的背景，凸显了中国国有企业面临的外部竞争环境不确定性程度的增加，如何合理利用或消弭这样的企业发展的外部影响，最近的研究思路就有构建强化决策行为主体的社会行为偏好机制（Westphal & Zhu，2019）。多个所有制属性各异的大股东的介入，使得我国国有企业的决策层发展成为由多个所有制属性各异的决策单元（国有股东派驻董事组成的决策单元、非国有股东派驻董事组成的决策单元、机构投资者派驻董事组成的决策单元、独立董事组成的决策单元、非股东派驻内部董事组成的决策单元等）构成的集合，多元化的决策结构开始形成。

决策偏好的多元化和决策权力的分散化，在对企业战略共识达成速度和战略决策质量产生影响的同时，还会对战略实施过程中各决策单元的战略承诺产生影响。不同决策单元间决策权力配置、决策资本配置、决策单元间的政治行为等，均可能改变既有混合所有制改革体制设计的预期。另外，同一所有制属性决策单元内部的共识程度，同样可能通过改变多元董事会的组成结构，进而改变战略嵌入的有效性。最后，外部治理环境不确定性的提高，则进一步强化了多元董事会构成对上述董事会战略嵌入过程和战略嵌入有效性的影响。在这种情况下，单纯考虑决策权的集中与分散情况就显得有点单薄。因此，对决策权配置的界定应该更加关注其功能和目的，将其作为现代企业制度的核心、公司治理的一项重要制度安排和实现战略决策科学化的枢纽制度。

总的来说，在国有企业混合所有制改革中，不同类型的股东，在介入企业决策过程中有不同的要求和重要的话语权。同时，不同的所有者有不同的风险关注和必须要做的事情，进而决定了决策权配置方式。因此，本书将混合所有制改革背景下的国有企业决策权配置界定为：依据所有制性质与偏好而进行的决策行为主体的组合模式。

3.2.3 混合所有制改革背景下国有企业决策权配置的评价测量

依据现代公司治理理论，所有者与经理人之间对企业剩余控制权的博弈，以及大股东与中小股东之间对企业剩余控制权的博弈（La Porta et al.，1999），是公司内部两类主要的代理问题。尽管这两类代理问题的行为主体与所用机制存在差异，但本质上都是市场机制通过对公司内部相应权力进行配置发生作用的（曲亮等，2016）。但对于转型经济体下的国有企业而言，还需要面对政府与企业之间的代理问题。

从行政体制角度来看，国有企业的公司治理行为和经营决策行为会受到各级国资委和相关监管机构的管控。国有企业遵循"党管干部"原则。为了发挥党组织对干部选拔人员及纪律检查方面的作用，在国有企业中，党委会成员通常会同时担任高管职务。从行业属性角度来看，国有企业受到相关行业主管部门、协会以及证券监管机构的管控，并遵守相关行业内的法规和证券法规。这些行政性权力必然会在国有企业重大决策过程中发挥影响，这就使得国有企业决策权配置中必然存在行政型权力与经济型权力并存的状况。

基于上述分析，本书对国有企业决策权配置的评价测量主要从行政型权力与经济型权力两种权力在决策权配置的主导性方面展开测量。从我国国有企业改革发展的历史沿革及未来趋势来看，国家推行国有企业混合所有制改革过程中，国有企业治理模式从"行政型"转向"经济型"是国有企业改革发展的必然趋势（李维安等，2019）。

所以，在具体测量指标的选取方面，本书主要从能够反映配置权模式经济主导型的角度进行（反之就是行政主导型）。本书将决策权配置依据行政主导型和经济主导型进行二元划分的意义在于：将这种决策权配置方式纳入本书的理论分析框架中，对于揭示国有企业公司治理转型的内在权力配置机理和逻辑路径具有较强的现实意义。具体研究过程和测量方式如下所述。

3.2.3.1 问卷编制与调查

依据本书研究主题的实际情况，测量调查问卷编制与调查过程如下。

（1）文献研究。研究与企业决策权配置相关的测量指标与测量方法的权威文献，分析整理相关学者的主要观点和指标设计思路，以此作为量表编制的理论依据。

（2）访谈与调查。对研究国有企业改革的专家学者和国有企业的高管人员，进行访谈和问卷调查。主题为混合所有制改革背景下国有企业决策权配置评价。要求被试者对其所讲述内容的重要性进行排序，另外还收集了一些有关的政策资料。

（3）设计初始问卷。对访谈和调查的内容进行汇总、分类、排序整理，并在此基础上根据访谈和调查内容设计基本的测量题项，编制初始问卷。

（4）确定预试问卷。邀请专家对初始问卷进行评定，提出修改意见，在此基础上对初始问卷进行修改完善，再提交专家评定。如此反复，得到最终的预试问卷。

（5）预试。发放 90 份问卷，对相关专家学者和国有企业管理者、本项目小组成员以及相关专业博士生进行调查。回收有效问卷 78 份，再用主因素分析法进行分析，最终得到正式问卷，正式发放的问卷见附录。

3.2.3.2 样本选择、数据收集、信度和效度分析

（1）样本选择。为了确保收集到的样本数据能够准确反映出本书研究的问题，在收集数据之前，我们对调查对象作了限制。在研究设计中，如何选取样本及受试者数目要多大才算具有代表性？这一问题，在社会科学领域尚无一致结论。廷斯利（Tinsley，1987）建议，进行因素分析时，每个题项数与样本数的比例大约为 1：5 以上。因此，本书所收集到的问卷应符合这一标准。

（2）数据采集。由于本书的研究对象是企业的高级管理人员、董事会成员以及监事会成员等，这些研究对象的身份比较特殊，很难通过常规方法采集数据。因此，本书主要通过博士同学、贵州大学 MBA/EMBA 教育中心和

EDP 中心的渠道获得样本资料。

正式发放调查问卷 350 份，回收有效问卷 315 份，有效回收率为 90%。没有被采用的 35 份问卷的主要问题是：问卷填写不完整；问项填写无差异性；问卷填写明显不符合逻辑；等等。

我们把调查样本随机分半，一半进行探索性因素分析（N = 157），另一半进行验证性因素分析（N = 158），通过比较两次分析结果，了解和确定国有企业经济主导型决策权配置方式的因素结构。本书所有计算及分析由 SPSS 和 Lisrel 软件实施完成。经过检验，本书测量量表的信度和效度结果如表 3.3 所示。

表 3.3　　　　　　　　决策权配置量表信效度检验结果

Kaiser-Meyer-Olkin 取样适当性度量		0.818
Bartlett 球形检验	近似卡方分布	734.798
	自由度	91
	显著性	0.000
Cronbach's Alpha 值	0.838	

本书测量量表的 Cronbach's Alpha 值为 0.838，已经达到信度可接受标准。效度方面，测量条目的样本充分性 KMO 测试系数为 0.818，样本分布的巴特利特球形检验（Bartlett test of sphericity）值为 734.798，在 0.1% 的水平上显著，表明样本适合做因子分析。

3.2.3.3　主因子分析

运用主成分分析法对国有企业经济主导型决策权配置方式相关概念的观测变量进行探索性因素分析，并配合最大变异法进行正交转轴，得到四个因子成分，其解释变异量分别为 21.915%、14.400%、14.338%、14.238%，累计解释了总变量的 64.890%，具体情况如表 3.4 所示。

表 3.4   国有企业经济主导型决策权配置方式关键因素方差贡献

因子名称	操作指标	旋转后因子载荷量	方差贡献率（%）	累计方差贡献率（%）
行政介入性（反向指标）	A2	0.784	21.915	21.915
	A1	0.773		
	A5	0.767		
	A4	0.718		
	A3	695		
董事会经济性	B1	0.792	14.400	36.314
	B3	0.743		
	B2	0.729		
总经理管理自主性	C2	0.802	14.338	50.652
	C1	0.784		
	C3	0.738		
决策参与性	D1	0.818	14.238	64.890
	D3	0.745		
	D2	0.729		

从探索性因素分析结果看，各方面指标都达到了相关标准或要求。结果表明，国有企业经济主导型决策权配置方式可能由四个因素构成。为了确定这种因素结构的可接受性，我们采用结构方程技术进行了验证性检验。检验过程遵循以下步骤：（1）提出几种可供比较的假设模型；（2）按照假设模型进行编程和计算；（3）比较各种假设模型拟合指标和各种模型的差异性；（4）选择可以接受的模型或最优模型。

根据上述研究要求，本书运用主成分分析强迫提取 1 个、2 个、3 个、4 个因子，得到消费者情绪智力单因素、二因素、三因素、四因素结构模型，以此 4 个假设模型进行比较验证（见图 3.4～图 3.7）。运用结构方程模型技术，对上述四种假设模型进行编程和计算，得到四种假设模型的各种拟合指标如表 3.5 所示。

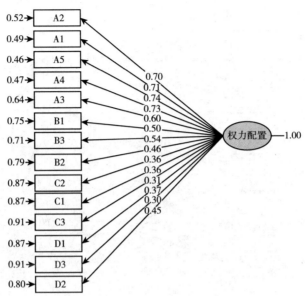

Chi-Square=324.01，df=77，P-value=0.00000，RMSEA=0.143

图 3.4　决策权配置单因素结构模型

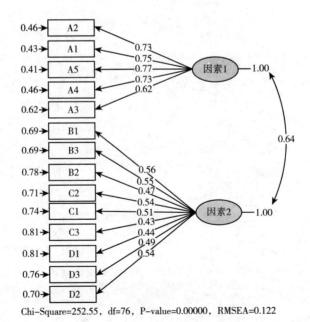

Chi-Square=252.55，df=76，P-value=0.00000，RMSEA=0.122

图 3.5　决策权配置二因素结构模型

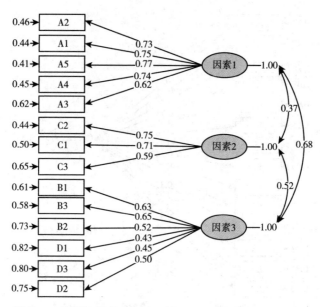

Chi-Square=186.93, df=74, P-value=0.00000, RMSEA=0.099

图 3.6　决策权配置三因素结构模型

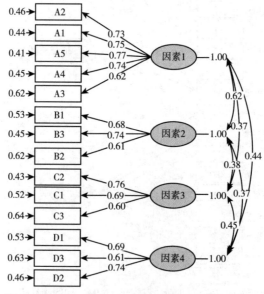

Chi-Square=91.22, df=71, P-value=0.05336, RMSEA=0.043

图 3.7　决策权配置四因素结构模型

表 3.5 决策权配置四种假设模型的各种拟合指标 （N = 158）

模型	x^2	df	x^2/df	RMSEA	NNFI	CFI	IFI
单因素模型	257.67	77	3.35	0.122	0.80	0.83	0.83
二因素模型	161.22	76	2.12	0.085	0.90	0.91	0.91
三因素模型	147.36	74	1.99	0.709	0.91	0.92	0.93
四因素模型	131.37	71	1.85	0.074	0.92	0.94	0.94

由表 3.5 反映的各种拟合指标可知，经济主导型决策权配置方式四因素结构模型是一个"好"模型，探索性因素分析的结果得到验证，经济主导型决策权配置方式主要由四个因素构成。

通过探索性因素分析和验证性因素分析可知，经济主导型控制权配置模式主要由四个因素构成。根据各个因素的条目所反映的内容，具体命名如下：

a. 因素一：行政介入性

董事会中行政官员比例越高，决策过程中受行政干预的可能性越大。

监事会中行政官员比例越高，决策过程中受行政干预的可能性越大。

高管层中行政官员比例越高，决策过程中受行政干预的可能性越大。

当党委书记兼任董事长时，决策过程中受行政干预的可能性越大。

当董事长或总经理由政府委派时，决策过程中受行政干预的可能性越大。

这些条目反映了政府行政力量在决策权配置中的影响，故可以命名为行政介入性。

b. 因素二：董事会经济性

董事持股比例越高，越关心企业的经营绩效。

独立董事比例越高，企业越重视经济目标的实现。

经济型董事比例越高，企业越重视经济目标的实现。

这些条目反映了董事会成员的经济偏好，故可以命名为董事会经济性。

c. 因素三：总经理自主权

总经理兼任董事长时权力更大。

任期较长的总经理权威更高。

地区制度环境的约束性越小，总经理自主权越高。

这些条目反映了总经理的自主决策权力，故可以命名为总经理自主权。

d. 因素四：决策参与性

高管团队规模越大，公司决策的参与度越高。

董事会会议次数越多，公司越重视决策参与。

董事会专业委员会设置越多，公司决策的参与度越高。

这些条目反映了企业决策过程中相关行为主体的决策参与情况，故可以命名为决策参与性。

进一步来讲，根据侯杰泰（2004）的研究建议："好的模型既简单又能准确描述数据中各变量的关系。"因此，我们尽可能提出更简单的模型。假设有一个普遍能力（二阶）因子，影响各一阶能力因子的表现，若二阶模型能比较好地拟合数据，它就是一个较简单又能准确描述数据关系的模型。为了对上述设想进行验证，我们用结构方程模型技术对验证性分析样本进行高阶因子分析，以了解决策权配置方式的深层次结构。图3.8为假设高阶结构模型及完全标准化系数。而为了分析结果的准确和分析过程的简洁，在后续的分析研究中，主要采用高阶模型进行研究。

3.2.3.4　测量指标与计算模型

决策权配置评价既要符合国有企业公司治理的规律和逻辑，又要能够反映混合所有制改革后不同股东的价值诉求和现实特质。本书在梳理文献和问卷调查的基础上，依据上述国有企业经济主导型决策权配置方式的构成维度、测量题项和数据的可得性，形成1个一级指标、4个二级指标，以及14个三级指标的国有企业经济主导型决策权配置评价体系，如表3.6所示。

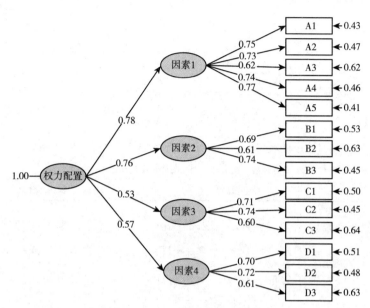

Chi-Square=93.78，df=73，P-value=0.05122，RMSEA=0.043

图 3.8 经济主导型控制权配置模式高阶结构模型

表 3.6 经济主导型决策权配置方式测量指标

变量	维度	观测指标	具体测量
经济主导型决策权配置	行政介入性（反向指标）	董事会中行政官员比例	董事会成员中属于政府委派或在其他单位担任行政职务的董事比例，作反向处理
		监事会中行政官员比例	监事会成员中属于政府委派或在其他单位担任行政职务的董事比例，作反向处理
	行政介入性（反向指标）	高管层中行政官员比例	高管层成员中属于政府委派或在其他单位担任行政职务的董事比例，作反向处理
		党委书记是否为董事长	是取 1，否则取 0，作反向处理
		董事长或总经理是否为政府官员	是取 1，否则取 0，作反向处理
	董事会经济性	董事持股比例	所有董事的持股比例之和
		独立董事比例	独立董事数量/董事会规模
		经济型董事比例	具有经济、管理、金融等专业背景的董事比例

续表

变量	维度	观测指标	具体测量
经济主导型决策权配置	总经理管理自主性	总经理是否兼任董事长	是取1，否则取0
		总经理任期	担任总经理的自然任期
		地区高管自主权情况	以张三保和曹锐（2019）城市营商环境指数为基础，作反向处理
	决策参与性	高管团队规模	董事会、监事会、高管层成员总数
		董事会会议次数	一年中的董事会会议次数
		专业委员会设置数量	董事会下设的各专业委员会数量

依据上述指标，为确保评价结果的准确性和客观性，本书构建出评价计量模型。目前，此类评价性研究大多采用模糊综合评价法、层次分析法、主成分分析法以及因子分析法对多维度多指标体系展开评价分析。在上述方法中，当指标数量较大时，采用模糊综合评价法、层次分析法容易导致对单个指标的相对重要性作出主观性判断，进而导致实证结果失真；而因子分析法只能对部分因子变异进行解释，在计算评价指标权重上存在一定缺陷，难以准确刻画指标体系中各个维度的具体变动情况。

基于此，本书采用主成分分析法确定不同评价指标的权重，这不仅能够有效地消除指标之间的高度相关性，避免指标权重确定的主观性，同时还能反映出各级指标在权重结构中的变化态势。具体计算步骤如下。

假设有 n 个有效数据样本，每个样本有 m 个指标因子 $x_j(j=1,2,3,\cdots,m)$，所得样本值为 $x_{ij}(i=1,2,3,\cdots,n)$，构成原始数据矩阵 $X=(x_{ij})_{n\times m}$。

（1）原始数据预处理。对指标进行标准化处理，以消除指标在量纲与数量级上的差别，标准化处理后的值为 x_{ij^*}：

$$x_{ij^*} = \frac{x_{ij} - \bar{x}_i}{\sigma_i} \tag{3-4}$$

其中，$\bar{x}_i$ 与 σ_i 分别表示第 j 个指标的样本均值和标准差。

（2）计算特征值和特征向量。标准化后数据矩阵 $X^* = (x_{ij^*})$，计算其相关系数，求出特征根，得到相应的特征向量：

$$R = \frac{1}{n}(X^*), \quad X^* = \begin{pmatrix} r_{11} & \cdots & r_{1m} \\ \vdots & \ddots & \vdots \\ r_{m1} & \cdots & r_{mm} \end{pmatrix} \quad (3-5)$$

计算特征方程 $|R - \lambda I| = 0$，求出所有的特征根 $\lambda_1 \geq \lambda_2 \geq \cdots \geq \lambda_m \geq 0$，相应特征向量 $Z_j = (Z_{1j}, Z_{2j}, \cdots, Z_{mj})$，$(j = 1, 2, 3 \cdots, m)$。提取主成分记为 $F_j = X_j^* Z_j$，即 $f_j = x_{k1}^* z_{1j} + x_{k2}^* z_{2j} + \cdots + x_{km}^* z_{mj}$，$(k = 1, 2, 3, \cdots, n; \ j = 1, 2, 3, \cdots, m)$。计算方差贡献率为：

$$v_k = \frac{\lambda_k}{m} \quad (3-6)$$

（3）确定主成分个数。一般认为，当前 r 个主成分的累计贡献率大于某一特定值时，就足够反映原来变量的信息，对应的 k 就是抽取的前 k 个主成分。

（4）确定指标权重。指标权重为各个主成分的方差贡献率，对该指标在各主成分线性组合中系数的加权平均的归一化。

（5）计算评价得分。第三方评价模型建立之后，需要对评价对象进行评分。设 y 为总得分值，W_i 为第 i 个指标的权重，$\bar{X}_i$ 为第 i 个指标的列平均值，其中 $i = 1, 2, 3, \cdots, n$，则总得分值为：

$$y = \sum_{i=1}^{n} W_i \bar{X}_i, \quad \sum_{i=1}^{n} W_i = 1, \quad (i = 1, 2, 3, \cdots, n), \quad 0 \leq W_i \leq 1 \quad (3-7)$$

（6）用主成分分析法提取一个公因子的方式来对各项指标进行合成，并以该公因子来衡量企业的决策权配置方式。但由于观测指标属性与量纲差异，使其难以进行直接合成，需要进行相应处理。首先，对所有逆指标均采取"极大值—原始值"的形式使所有指标对权力配置的作用力趋同化。其次，选择均值化方法对原始指标进行无量纲化处理。在进行主成分分析时，我们使用协方差矩阵，以缓解不同指标相对离散程度的估计误差。最后，采用所提取的一个公因子的分值进行测量，以中位数作为区分标准，得分在中位数之上则为经济主导型决策权配置方式，得分在中位数之下则为非经济主导型（行政主导型）决策权配置方式。

3.3　国有企业混合所有制改革影响控制权配置的理论分析

国有企业决策权配置作为公司治理的核心要素，不仅是关乎企业战略发展与决策行为的重要前置动因，更是推动国有企业转型升级，实现高质量发展的关键要素，如何实现决策权配置的科学合理性，既发挥市场机制对于要素配置的基础性作用又能够实现转型期政府宏观调控对国有经济的有效引导与监督，是混合所有制改革背景下国有企业现代公司治理制度建设所面临的关键问题。

事实上，当前经济组织内部决策权分配的制度设计，主要是借鉴了新制度经济学和公司治理领域的相关理论，通过决策主体面临的问题和权力功能之间的关系来解释权力配置设计。其研究主要是在理性选择制度主义的框架内展开，其基本前提就是：形式和规范是紧密联系的，特定形式的决策权配置方式是具有原则或规范意义的。但混合所有制改革意味着国有企业的权力分布将在多重力量的博弈中进行，这不仅意味着理性自利的行为主体，会根据自身利益采取效用最大化的行为，也意味着特定形式的决策权配置所具有的原则或规范意义将会变形。

混合所有制改革将使得国有企业的所有者，由单一主体演变为多个性质不同的行为主体，不同类型所有者之间在组织发展目标上存在较大差异，多个目标的博弈与融合将决定混合所有制企业公司治理制度的主要功能和特征。而决策权配置方式将影响其治理制度如何组织和实现这种功能。因此，在国有企业混合所有制改革背景下，其决策权配置是不同性质的产权所有者相互博弈的产物，它能够反映出不同类型的所有者，在参与国有企业混合所有制改革过程中的理性抉择过程。因此，要想理解国有企业混合所有制改革是怎样对其战略治理机制造成影响的，就必须要先明确在差异化的混合所有制改革条件下国有企业如何对其决策权进行配置。

3.3.1　混合股权制衡度对企业决策权配置的影响

在国有企业发展实践过程中，由于我国国情的特殊性，国有企业股权结构与西方发达国家企业存在区别。在我国国有企业进行股份制改革的过程中，按照国有企业现代管理化的框架，我国的股权结构向国有股倾斜过重，导致了我国上市公司的股权结构呈现一种不合理的状态。国有股在上市公司的股份中占比过高，使得国有企业很难建立起合理完善的法人治理结构。国有企业原有的上级主管或者部门一般是企业的控股股东，而这种控股股东在企业实践中作为一个虚拟的主体，并不能充分地监督和控制企业经营者的经营行为。国有企业普遍存在着股权集中的问题，第一大股东尤其是国有股在中国上市公司中占据绝对控股的地位，而其他中小股东所占股份比例小，且相当分散，中小股东很难参与公司的经营决策，这就更加加大了上市公司的管理者监督的难度。

因此，在国有企业发展过程中必须积极推进股权结构的多元化，股权制衡就可以作为一种平衡股东权利的重要安排机制，它可以减少大股东对公司的掏空行为，从而增强对中小股东利益的保护。为了达到股权相互制衡的股权结构，保护中小股东的利益，防止控股股东利益侵占行为的发生，公司可以引进多个大股东，形成各个股东之间相互监督和牵制的一个控制局面，从而优化公司的股权结构。另外股权的分散化可以降低控股股东对企业经营者所施加的影响，避免企业经营管理者和控股股东之间的利益勾结。

股权结构的多元化有利于股东之间以及股东对管理层的监督，保证企业经营信息的有效披露，从而降低委托代理成本，维护大部分股东的利益。不同类型的所有者具有不同的治理动机和目标，为了捍卫其自身利益，会根据其持股情况及战略目标，不同程度地介入公司治理机制设计中，因此，公司的控制权配置是在特定的所有权结构安排下，公司中的各个产权主体基于各自经营目标的实现以及利益的获取进行博弈后的结果。因此，现在所进行的国有企业混合所有制改革的经济学本质是一种股权制衡模式，并且其产权性质没有发生变化（汤泰劼等，2020）。

那么，通过混合所有制改革，在国有企业中引入非公资本，优化股权结构，在国有股东和非国有股东之间形成有效的制衡关系，预期会影响企业的决策权配置状况。具体分析如下。

依据现代公司治理理论，所有权和经营权分别归属于股东与经理两方导致了双方对企业剩余控制权的博弈（Michael & Meckling，1976），以及大股东与中小股东之间对企业剩余控制权的博弈（La Porta et al.，1999），是公司内部的主要两类代理问题。尽管这两类代理问题的行为主体与所用机制存在差异，但本质上都是市场机制通过对公司内部相应权力进行配置发生作用的（曲亮等，2016）。但对于转型经济体的国有企业而言，所面对的不仅是这两类代理问题，还需要面对政府与企业之间的代理问题。政府行政力量通过多种渠道与方式对国有企业的治理和经营发挥影响。

但是，从我国国有企业改革发展的历史沿革及未来趋势来看，国家推行国有企业混合所有制改革的过程中，国有企业治理模式从"行政型治理模式"向"经济型治理模式"转型是国有企业改革发展的必然趋势（李维安等，2019），这也将推动国有企业决策权配置从行政型为主导向经济型为主导转变。

一方面，从宏观政策层面来看，国家在推行混合所有制改革过程中，政府也通过明确自身权力清单的方式实施简政放权，不断致力于推进现代公司治理体系建设（李维安等，2019），如先后采取股份制改造、建立现代企业制度、引入海外战略投资者等措施。重要的举措如国务院国资委在 2014 年所开展的"四项改革"试点工作，对董事会职权的改革就是其中的一项重点内容，这项改革确立了国有企业董事会在企业资源配置与经营目标制定、高管人员的选聘与考核等方面的权力与市场化机制。随着内外部治理机制逐步完善，国有企业内部的权力配置模式也发生了变化。具体来说，经历了由政府主导的"行政主导型"模式向内外部门共同治理的"经济主导型"模式的转变（曲亮等，2016）。

另一方面，从微观企业层面来看，国有企业进行混合所有制改革，引进非国有股东，会在股权层面形成一定的博弈关系。非国有股东持股比例越高，股权制衡度就越高，使其有资格与国有股东进行谈判、博弈，进行代理权争夺（李维安等，2006；刘运国等，2016），进而在公司决策层委派自己的利益代表。而非国有资本强烈的逐利性动机使其在企业经营的过程中难以忽视企业的业绩表现与投资收益。为维护自身权益、降低投资风险和尽快收回投资成本，它有很强的动机参与决策权争夺（马连福等，2015）。主要途径是委派高管人员直接参与国有企业的决策过程，包括进入董事会参与战略决策或是委派高管人员担任管理职位（洪正和袁齐，2019）。因此，随着非国有股东的进入，混合股权制衡度的提升，企业决策权配置的经济属性会越发明显。综上所述，本书提出下列假设。

假设 1：混合股权制衡度的提升会促使企业更有可能构建经济主导型决策权配置方式。

3.3.2　差异化混合类型对决策权配置的影响

从已有文献来看，从来就没有纯粹的经济科学，掌控资源的基础在于获取了一定的权力，根据各自权力掌控的实际情况从而实现资源在各方的配置，而这种权力来自所有权（Galbraith，1983）。因此，所有权会在很大程度上影响一个经济组织的权力分配。国有企业混合所有制改革本质上是对国有企业所有权结构的调整，而国有企业混合所有制改革模式的区别，也主要体现在混合主体的性质、持股比例以及股权制衡等方面的不同。不同类型的所有者具有不同的治理动机和目标，为了捍卫其自身利益，会根据其持股情况及战略目标，不同程度地介入公司治理机制设计中，进而导致企业决策权配置出现差异。

考虑到不同性质的资本影响力的差别，本书将混合所有制改革形式分为"国有＋外资""国有＋民营""国有＋外资＋民营"三种，并考察在这三种情况下对企业决策权的配置有何不同的影响。

第一，"国有＋外资"混合型。一方面，近年来，为了促进传统国有企业的治理结构在一定程度上向现代公司治理结构转变，以克服国有企业低效率的问题，中国的决策层在国有企业改革上进行了多项调整，其中一条便是积极地引入外资。对比传统的国有企业，外资的注入为国有企业提升内部治理水平带来了一系列的积极意义，并由此推动了国有企业在治理结构上的优化以及对于创新活动的积极性。外资股东将与原国有股东重新设计公司的内部治理结构，改变董事会、管理层的构成，提高公司决策的科学性。公司的管理模式也将由过去的行政干预转变为规范的股权管理模式。外资股东的退出也会形成对公司经营管理者的威胁，迫使他们尽最大努力实现股东价值。这些都会促使国有企业从"行政主导型"模式到"经济主导型"模式的转变。

另一方面，外资公司在作决策时首要考虑的还是价值最大化的问题，其逐利性动机并没有改变。因此，在外资进入国有企业时，他们的动机也可能是希望能够借用国有企业的政治资源（马连福，2015），以此来突破外资企业在中国可能遭受的制度约束并获得高额的收益。然而，国有企业作为我国经济发展的重要力量，一旦发生国有资本流失的情况，将造成巨大的损失，因此为了防止外资对国有资源的侵占并防止国有资本的流失，国有企业就需要通过强化行政干预来加强对国资的监管，这会使其在决策权配置中更加强化行政性力量。基于上述分析，本书提出以下假设。

假设 2a："国有 + 外资"混合股权结构与经济主导型决策权配置方式正相关。

假设 2b："国有 + 外资"混合股权结构与经济主导型决策权配置方式负相关。

第二，"国有 + 民营"混合型。从已有研究来看，学者们关于在国有企业中引入民营资本的影响存在分歧。一种观点认为，国有企业加民营资本的组合形式在一定程度上能够提高企业的投资效率，其原因在于此种模式有助于企业在内部形成一种更有效的治理机制。如陈小悦和徐晓东（2001）指出，非国有资本为维护自身利益，更有动机也有能力加强对经理人的监督；李文贵和余明桂（2015）认为，提高非国有资本持股比例有助于缓解政府干预以及激励持股主体加强公司内部治理。另一种观点认为，混合所有制国有企业中，民营资本无论是在规模还是资源的掌控上都始终处于一个相对弱势的地位。许为宾等（2019）认为，在混合所有权结构中，只有民营股东时，提高非国有股权比例与企业创新投资之间没有统计学意义上的显著性。这也表明民营股东受自身实力的限制对国有企业的制衡效果有限，单凭民营企业的力量，不足以影响国有企业的投资决策以改变国有企业财富保护的倾向。此外，与外资企业一样，民营企业同样可能会出于为自身谋取私利的考量，侵占国有资源，因此，国有股东出于惯性或出于对国有资产的保护，并不会减少决策权配置中的行政性力量。基于上述分析，本书提出以下假设。

假设 3a："国有 + 民营"混合股权结构与经济主导型决策权配置方式正相关。

假设 3b："国有 + 民营"混合股权结构与经济主导型决策权配置方式负相关。

第三，"国有 + 外资 + 民营"混合型。通过前文的分析可知，单靠外资或者民营一方的力量，不论是在动机还是能力上都难以改变国有企业对财富自我保护的倾向，然而当外资与民营资本同时进入国有企业时，情况却会发生改变。当企业的产权主体变得多元化时，在一定程度上能够更有效地抑制国有企业的政府干预问题，从而使其在投资效率方面获得提升（武常歧和李稻葵，2005）。在民营企业与外资同时进入的情况下，二者共同的逐利性动机使得他们在获取利益方面形成了一个隐性的同盟。一方面，二者共同的逐利性动机使得它们更倾向于构造经济主导型的决策权配置方式，从而获取收益；另一方面，民营企业虽然对国有企业的影响有限，但是民营加外资的共同力量却能够使得非国有资本的话语权得以提升，当此种话语权达到一定程度时，非国有资本便可在企业的投资决策中占据一席之地，此种打破国有资本一方进行决策的情形使得国有企业在进行投资决策时更加公平公正（李春玲等，2017）。此时，国有企业原先为了政治目标的实现而选择风险性较低的投资活动的情形会得以改善，而民营企业与外资公司所偏好的能够创造财富的高收益的投资活动会更得到青睐。综上所述，不论是从动机上还是制衡力上，外资加民营企业都能促进国有企业改变原有的财富保护倾向，而构建经济主导型的决策权配置方式。基于上述分析，本书提出以下假设。

假设4："国有+外资+民营"混合股权结构与经济主导型决策权配置方式正相关。

3.4　研究设计

3.4.1　样本与数据来源

本书研究选取2013～2018年沪深A股上市国有公司为样本。我们对数据进行了如下处理：（1）剔除 ST 类、金融类上市公司；（2）剔除异常值；（3）剔除数据严重缺失的上市公司样本；（4）剔除统计当年新上市的企业；（5）剔除统计当年退市的企业；对主要连续变量在 1% 的水平上进行 Winsorize 处理，最终得到样本公司 1016 家，共计 4680 个观测值。

3.4.2 变量界定

3.4.2.1 被解释变量

决策权配置方式（decision right allocation model，EDRM）。如前文所述，我们构建了测量决策权配置方式的测量指标体系。经济主导型决策权配置方式包含四个维度，其中，行政介入性包括 5 个基础指标，董事会经济性、总经理管理自主性、决策参与性分别包括 3 个基础指标（见表 3.7）。

表 3.7　　　　　　　经济主导型决策权配置方式测量指标

变量	维度	观测指标	具体测量
权力配置	行政介入性（反向指标）	董事会中行政官员比例	董事会成员中属于政府委派或在其他单位担任行政职务的董事比例，作反向处理
		监事会中行政官员比例	监事会成员中属于政府委派或在其他单位担任行政职务的董事比例，作反向处理
		高管层中行政官员比例	高管层成员中属于政府委派或在其他单位担任行政职务的董事比例，作反向处理
		党委书记是否为董事长	是取 1，否则取 0，作反向处理
		董事长或总经理是否为政府官员	是取 1，否则取 0，作反向处理
	董事会经济性	董事持股比例	所有董事的持股比例之和
		独立董事比例	独立董事数量/董事会规模
		经济型董事比例	具有经济、管理、金融等专业背景的董事比例

变量	维度	观测指标	具体测量
权力配置	总经理管理自主性	总经理是否兼任董事长	是取1，否则取0
		总经理任期	担任总经理的自然任期
		地区高管自主权情况	以张三保和曹锐（2019）城市营商环境指数为基础，作反向处理
	决策参与性	高管团队规模	董事会、监事会、高管层成员总数
		董事会会议次数	一年中的董事会会议次数
		专业委员会设置数量	董事会下设的各专业委员会数量

我们借鉴钞小静和任保平（2011）的做法，用主成分分析法提取一个公因子的方式来对各项指标进行合成，并以该公因子来衡量决策权配置。但由于观测指标属性与量纲差异，使其难以进行直接合成，需要进行相应处理。首先，对所有逆指标均采取"极大值－原始值"的形式使所有指标对权力配置的作用力趋同化。其次，选择均值化方法对原始指标进行无量纲化处理。在进行主成分分析时，我们使用协方差矩阵，以缓解不同指标相对离散程度估计误差。最后采用所提取的一个公因子的分值进行测量，以中位数作为区分标准，得分在中位数之上则表示为经济主导型决策权配置方式，得分在中位数之下则为非经济主导型（行政主导型）决策权配置方式。

考虑到股权结构变化传导的滞后性，我们将因变量作滞后一期处理。

3.4.2.2 解释变量

混合股权制衡度（EBD），具体测量方法为非国有股东持股比例之和减去国有股东持股比例。混合类型分为四种类型：全部为国有持股类型；"国有＋外资"混合类型；"国有＋民营"混合类型；"国有＋外资＋民营"混合类型。

3.4.2.3 控制变量

参考陈德球等（2013）的研究，本书研究包括以下控制变量：企业规模、资产负债率、企业成长性、盈利能力、现金流量、总经理性别、总经理年龄、总经理受教育程度、地区生产总值（GDP）状况，此外我们还控制了行业和年度效应。具体的变量定义及变量测量方法如表 3.8 所示。

表 3.8　　　　　　　　　　　　　　　变量定义

变量名称	变量符号	变量定义
决策权配置	EDRM	具体定义见前文
混合股权制衡度	EBD	非国有股东持股比例之和减去国有股东持股比例
企业规模	Size	企业当年期末资产余额的自然对数
资产负债率	Lev	总负债/总资产
企业成长性	Growth	(当年营业收入−上一年营业收入)/上一年营业收入
盈利能力	ROA	用总资产净利润率来衡量
现金流量	Cash	经营活动产生的现金流量净额/总资产
总经理年龄	Age	企业家实际年龄的自然对数
总经理性别	Gender	若企业家性别为男性，取值为 1，否则为 0
总经理受教育程度	Edu	依照企业家受教育程度：本科以下/本科/硕士/博士，依次取值 0/1/2/3
地区 GDP	Gdp	地区人均 GDP，单位为万元
行业虚拟变量	Ind	行业虚拟变量
年度虚拟变量	Year	年度虚拟变量

3.4.3　模型设计

为检验股权制衡度以及不同类型股权制衡度对决策权配置的影响，设置以下待检验模型：

$$LogitEDRM = \beta_0 + \beta_1 EBD + \beta_i Controls + Ind + Year + \varepsilon \quad (3-8)$$

3.5 实证检验结果与分析

3.5.1 描述性统计

表 3.9 给出了样本公司主要变量的描述性统计结果。决策权配置方式（$EDRM$）的最小值为 0，最大值为 1，平均值为 0.505，标准差为 0.500，这表明样本企业在决策权配置方式选择方面存在较大差异，选择经济主导型决策权配置方式的样本公司比例在 50%。混合股权制衡度（EBD）的最小值为 −0.947，最大值为 0.993，平均值为 −0.339，标准差为 0.295，反映出样本企业在股权制衡度方面的变异性比较大。其余变量的描述性统计结果如表 3.9 所示。

表 3.9 　描述性统计

变量	均值	标准差	最小值	下四分位数	中位数	上四分位数	最大值
$EDRM$	0.505	0.500	0.000	0.000	1.000	1.000	1.000
EBD	−0.339	0.295	−0.947	−0.531	−0.393	−0.224	0.993
$Market$	0.501	0.500	0.000	0.000	1.000	1.000	1.000
$Center$	0.326	0.469	0.000	0.000	0.000	1.000	1.000
$Business$	0.751	0.432	0.000	1.000	1.000	1.000	1.000
$Size$	22.730	1.424	18.390	21.760	22.570	23.580	28.510
Lev	0.505	0.208	0.003	0.344	0.512	0.666	0.999
$Growth$	0.001	0.021	−0.003	0.000	0.000	0.000	1.000
Roa	0.027	0.058	−0.699	0.008	0.026	0.050	0.445
$Cash$	−0.832	1.407	−8.563	−1.619	−0.439	0.000	10.990
Age	3.914	0.109	3.332	3.850	3.932	3.989	4.331

续表

变量	均值	标准差	最小值	下四分位数	中位数	上四分位数	最大值
Gender	0.958	0.200	0.000	1.000	1.000	1.000	1.000
Edu	1.900	1.368	0.000	0.000	3.000	3.000	3.000
Gdp	4.139	2.040	1.312	2.628	4.003	5.171	9.317

表 3.10 为各变量之间的相关系数。从表 3.10 中可以看出，混合股权制衡度与决策权配置方式存在正相关关系，初步验证了本书的假设 1，具体还需要进一步的回归检验。其他变量之间的相关系数均小于 0.4，这表明不存在多重共线性，可以作进一步的回归处理。

表 3.10　　　　　　　　　　**相关系数**

变量	*INV*1	*INV*2	*EDRM*	*EBD*	*Market*	*Center*	*Business*
*INV*1	1.000						
*INV*2	0.236 ***	1.000					
EDRM	0.012	0.078 ***	1.000				
EBD	0.079 ***	0.165 ***	0.138 ***	1.000			
Market	0.026 *	0.053 ***	−0.020	0.007	1.000		
Center	0.023	0.108 ***	−0.052 ***	−0.028 *	−0.007	1.000	
Business	−0.193 ***	0.040 ***	0.010	0.128 ***	0.039 ***	0.039 ***	1.000
Size	−0.103 ***	−0.022	0.021	−0.136 ***	0.065 ***	0.097 ***	−0.084 ***
Lev	0.007	0.006	−0.007	−0.024 *	−0.029 **	0.047 ***	−0.015
Growth	0.057 ***	0.001	−0.012	0.001	−0.017	−0.023	0.009
Roa	0.015	−0.018	0.063 ***	−0.002	0.070 ***	−0.013	−0.055 ***
Cash	0.070 ***	0.001	−0.029 *	−0.001	−0.002	−0.004	0.027 *
Age	−0.037 **	0.007	0.059 ***	−0.061 ***	0.021	−0.002	−0.010
Gender	−0.012	0.020	−0.007	−0.025 *	−0.039 ***	0.033 **	0.033 **
Edu	−0.018	0.011	0.125 ***	0.102 ***	−0.039 ***	0.023	0.032 **
Gdp	−0.042 ***	−0.005	0.006	−0.033 **	−0.001	0.132 ***	−0.016

续表

变量	Size	Lev	Growth	Roa	Cash	Age	Gender	Edu
Size	1.000							
Lev	0.337 ***	1.000						
Growth	−0.016	0.024 *	1.000					
Roa	0.030 **	−0.311 ***	−0.010	1.000				
Cash	−0.021	0.069 ***	0.237 ***	−0.031 **	1.000			
Age	0.159 ***	−0.018	−0.029 **	0.058 ***	−0.064 ***	1.000		
Gender	0.021	0.009	0.007	0.011	−0.009	0.063 ***	1.000	
Edu	0.014	−0.049 ***	0.010	0.026 *	−0.015	0.090 ***	−0.012	1.000
Gdp	0.091 ***	−0.007	−0.018	0.018	0.012	0.028 *	−0.008	0.148 ***

注：$*p<0.05$，$**p<0.01$，$***p<0.001$。

3.5.2 回归结果分析

3.5.2.1 混合股权制衡度与决策权配置方式

本书采用 Logit 回归对假设 1 进行了检验，结果如表 3.11 所示。表 3.11 中列（1）是未加任何控制变量的回归结果；列（2）是添加了相关控制变量，但未控制年份和行业效应的结果，可以看出，混合股权制衡度（EBD）与经济主导型决策权配置方式（EDRM）的估值系数都是正向显著。加入行业和年份控制变量后，列（3）显示，混合股权制衡度（EBD）与经济主导型决策权配置方式（EDRM）的估值系数为 0.924，且在 0.1% 的水平上显著。这一结果表明，混合股权制衡度越高，企业越倾向于选择经济主导型决策权配置方式，本书假设 1 得到支持。

表 3.11   混合股权制衡度与决策权配置方式

变量	(1)	(2)	(3)
常数项	0.352 *** (4.353)	-4.466 * (-2.507)	-4.846 ** (-2.707)
EBD	0.968 *** (5.559)	0.956 *** (5.358)	0.924 *** (5.130)
Size		0.034 (0.812)	0.043 (1.021)
Lev		0.128 (0.487)	0.130 (0.496)
Growth		-0.655 (-0.428)	-0.682 (-0.430)
Roa		2.239 ** (2.977)	2.274 ** (3.022)
Cash		-0.030 (-1.155)	-0.036 (-1.386)
Age		0.948 * (2.201)	0.933 * (2.161)
Gender		-0.076 (-0.349)	-0.047 (-0.213)
Edu		0.160 *** (4.386)	0.162 *** (4.405)
Gdp		-0.010 (-0.390)	-0.007 (-0.277)
Ind/Year	不控制	不控制	控制
LR chi2	90.220	188.220	220.020
pseudo R^2	0.074	0.089	0.084
N	4680	4680	4680

注：* $p < 0.05$，** $p < 0.01$，*** $p < 0.001$，括号中为 t 值。

在上述检验的基础上，本书根据混合主体的产权性质，将混合所有权类型分为三种，并考虑不同类型的混合方式对企业决策权配置方式的影响，检验结果如表 3.12 所示。在表 3.12 列（1）中，"国有 + 外资"的混合股权制衡度（*EBD*）与经济主导型决策权配置方式（*EDRM*）的估值系数为 1.111，在 0.1% 的水平上显著；"国有 + 民营"的混合股权制衡度（*EBD*）与经济主导型决策权配置方式（*EDRM*）的估值系数为 1.102，在 5% 的水平上显著；"国有 + 民营 + 外资"的混合股权制衡度（*EBD*）与经济主导型决策权配置方式（*EDRM*）的估值系数为 1.458，在 0.1% 的水平上显著；单纯从估值系数来看，"国有 + 民营 + 外资"的混合股权结构的影响效应最大，本书假设 2a、假设 3a、假设 4 得到验证。

表 3.12   **差异化混合股权结构与决策权配置方式**

变量	(1)	(2)	(3)
	国有 + 外资	国有 + 民营	国有 + 外资 + 民营
常数项	− 8.506 *** （− 3.321）	− 8.968 ** （− 2.859）	− 3.934 （− 1.267）
EBD	1.111 *** (3.514)	1.102 * (2.322)	1.458 *** (5.584)
Size	0.204 ** (3.078)	0.213 ** (2.648)	0.014 (0.197)
Lev	− 0.333 （− 0.899）	− 0.211 （− 0.480）	− 0.029 （− 0.053）
Growth	− 6.061 （− 1.387）	1.545 (0.655)	− 19.876 （− 0.507）
Roa	1.342 (1.185)	4.334 *** (3.338)	1.454 (1.011)
Cash	− 0.010 （− 0.246）	− 0.013 （− 0.292）	− 0.100 （− 1.835）
Age	1.044 (1.759)	1.203 (1.664)	0.836 (1.113)
Gender	0.140 (0.506)	− 0.037 （− 0.097）	− 0.370 （− 0.668）

续表

变量	(1)	(2)	(3)
	国有 + 外资	国有 + 民营	国有 + 外资 + 民营
Edu	0.167 *** (3.364)	0.213 *** (3.681)	0.120 (1.663)
Gdp	−0.020 (−0.562)	−0.025 (−0.590)	0.021 (0.469)
$Ind/Year$	控制	控制	控制
$LR\ chi2$	160.860	166.350	171.840
pseudo R^2	0.073	0.070	0.085
N	2100	1411	1169

注: $*p < 0.05$, $**p < 0.01$, $***p < 0.001$, 括号中为 t 值。

3.5.2.2 进一步检验

现有研究认为, 企业的行政隶属级别 (administrative subordinate level, ASL) 和类型 (enterprise type, ET) 均会影响到混合所有制实施的进程和股权混合制衡程度。依据企业的行政隶属级别我们将样本企业分为中央国有企业和地方国有企业, 中央国有企业赋值为 1, 地方国有企业赋值为 0; 根据国有企业分类改革思想, 我们将样本企业分为公益类和商业类, 商业类企业赋值为 1, 公益类企业赋值为 0。检验结果如表 3.13 所示。

表 3.13   **企业隶属级别和类型的影响**

变量	(1)	(2)	(3)	(4)
	$ASL = 1$	$ASL = 0$	$ET = 1$	$ET = 0$
常数项	−5.731 (−1.603)	−5.374 * (−2.568)	−2.821 (−1.355)	−12.730 *** (−3.439)
EBD	1.463 *** (4.669)	0.731 *** (3.374)	1.284 *** (5.771)	−0.125 (−0.395)
$Size$	0.034 (0.476)	0.070 (1.314)	0.081 (1.606)	−0.037 (−0.495)

续表

变量	(1) ASL = 1	(2) ASL = 0	(3) ET = 1	(4) ET = 0
Lev	0.649 (1.345)	−0.135 (−0.416)	−0.099 (−0.323)	0.970 (1.860)
Growth	−18.031 (−1.102)	−0.619 (−0.378)	−0.438 (−0.265)	−6.965 (−1.737)
Roa	3.226* (1.986)	2.012* (2.210)	2.641** (3.034)	−0.406 (−0.262)
Cash	−0.028 (−0.574)	−0.035 (−1.117)	−0.042 (−1.369)	0.000 (0.004)
Age	1.017 (1.160)	0.975* (1.962)	0.241 (0.492)	3.321*** (3.561)
Gender	0.273 (0.550)	−0.152 (−0.616)	−0.055 (−0.214)	−0.277 (−0.678)
Edu	0.211** (3.070)	0.146*** (3.346)	0.206*** (4.821)	−0.010 (−0.144)
Gdp	0.009 (0.200)	−0.002 (−0.065)	−0.028 (−0.908)	0.048 (1.090)
Ind/Year	控制	控制	控制	控制
LR chi2	169.560	162.850	197.720	159.740
pseudo R^2	0.075	0.072	0.074	0.075
N	1528	3152	3516	1164
b0 − b1	−0.732		−1.409	
Chi2	8.760		26.640	
p	0.003		0.000	

注：$*p < 0.05$，$**p < 0.01$，$***p < 0.001$，括号中为 t 值。

在表 3.13 中，根据列（1）、列（2）的数据结果，中央国有企业的混合股权制衡度（EBD）与经济主导型决策权配置方式（EDRM）的估值系数为 1.463，在 0.1% 的水平上显著；地方国有企业的混合股权制衡度（EBD）与经济主导型决策权配置方式（*EDRM*）的估值系数为 0.731，在 0.1% 的水平上显著；进一步系数差异性检验发现，混合股权制衡度（*EBD*）与经济主导型决策权配置方式（*EDRM*）的影响，在中央国有企业中更显著。

在表 3.13 中，根据列（3）、列（4）的数据结果，商业类国有企业的混合股权制衡度（*EBD*）与经济主导型决策权配置方式（*EDRM*）的估值系数为 1.284，在 0.1% 的水平上显著；地方国有企业的混合股权制衡度（*EBD*）与经济主导型决策权配置方式（*EDRM*）的估值系数为 − 0.125，不具有统计意义上的显著性；进一步系数差异性检验发现，混合股权制衡度（*EBD*）与经济主导型决策权配置方式（*EDRM*）的影响，在商业类国有企业中更显著。

3.5.2.3 稳健性检验

为保证结果的稳健性，我们将因变量由分类变量变换为连续变量，以提取的公因子的实际分值进行测量并重新检验，检验结果如表 3.14 所示，没有发生实质性改变，表明本书研究的结果是稳健的。

表 3.14　　　　　　　　　　稳健性检验

变量	(1)	(2)	(3)
常数项	0.039 (1.727)	− 3.213 *** (− 3.892)	− 3.486 *** (− 4.029)
EBD	0.190 ** (2.842)	0.174 ** (2.619)	0.182 ** (2.727)
Size		− 0.026 (− 0.917)	− 0.020 (− 0.664)
Lev		0.043 (0.470)	0.049 (0.543)
Growth		− 0.084 (− 0.269)	− 0.126 (− 0.394)
Roa		0.018 (0.101)	0.068 (0.394)

续表

变量	(1)	(2)	(3)
Cash		−0.006 (−0.917)	−0.005 (−0.854)
Ceo_Age		0.900 *** (5.823)	0.903 *** (5.900)
Gender		0.174 * (2.286)	0.188 * (2.420)
Edu		0.002 (0.120)	0.001 (0.058)
Gdp		0.030 (1.051)	0.031 (1.090)
Ind/Year	不控制	不控制	控制
F	8.080	5.150	2.600
Adj − R²	0.074	0.070	0.078
N	4680	4680	4680

注：$*p<0.05$，$**p<0.01$，$***p<0.001$，括号中为 t 值。

3.6 本章小结

在公司治理和战略管理研究领域，决策层的权力问题并不是一个新问题。在公司治理的代理理论框架，以及战略管理的高阶理论框架中，静态决策权配置结构对企业经济行为的影响，研究成果繁多。现有文献主要从董事长和总经理两职合一或分离视角，研究决策权配置对组织效率的影响。但对国有企业来讲，其并不是一个单纯的经济组织，而是包含着较多政治因素的政治经济混合型组织。党组织在国有企业权力配置中的状况如何，就成为一个不可忽视的因素。因此，当企业决策权配置体现出组织边界扩展时，仅靠现有研究的解释开始出现不足。如何从经济型治理和行政型治理两方面相结合，解析国有企业决策配置问题，就成为本书研究的关键。

本书摒弃了传统的集权—分权的单维度界定，依据混合所有制改革过程中的国有企业公司治理转型实际，对混合所有制改革背景下国有企业决策权配置进行了界定，将其界定为：依据所有制性质与偏好进行的决策行为主体的组合模式。在此基础上，本章依据行政主导型和经济主导型进行二元划分，并将决策权配置方式纳入国有企业混合所有制改革和治理机制转型的整体分析框架中，对国有企业经济主导型决策权配置方式的因素结构进行探索性分析和验证性分析，发现国有企业经济主导型决策权包含四个因素：行政介入性、董事会经济性、总经理自主权、决策参与性。在此基础上，给出了具体的测量指标体系与计算方法。

本章对混合股权制衡度与决策权配置方式之间的关系进行了理论分析，在此基础上，采用沪深 A 股上市公司为样本进行检验发现：混合股权制衡度的提升会促使企业更有可能构建经济主导型决策权配置方式；"国有 + 外资"混合股权结构与经济主导型决策权配置方式正相关；"国有 + 民营"混合股权结构与经济主导型决策权配置方式正相关；"国有 + 外资 + 民营"混合股权结构与经济主导型决策权配置方式正相关，其中，"国有 + 民营 + 外资"的混合股权结构的影响效应最大。进一步考虑企业行政隶属级别和类型的影响发现，混合股权制衡度（EBD）与经济主导型决策权配置方式（$EDRM$）的影响，在中央国有企业和商业类国有企业中更显著。

第 4 章

国有企业决策权配置与投资决策

本章主要分析和检验本书研究主题分解的子问题之一："国有企业决策权配置究竟如何影响企业投资决策行为，以及具体的作用机制是什么"。本章在现有文献基础上，基于国有企业治理从"行政主导型"模式向"经济主导型"模式转变的主流趋势，探究和分析家族经济主导型决策权配置方式对企业创新投资和投资效率的影响，并采用中国上市国有企业为样本进行了实证检验。

4.1 国有企业决策权配置影响投资决策的理论分析

国有企业通过混合所有制改革引入非国有资本，这在解决国有企业股权结构单一和所有权虚置问题的同时，实际上将会使其决策权配置问题，交织于现代企业制度所诉求的多元化治理主体为基础的公司治理机制中。而不同性质的所有者具有差异化的治理动机和目标，对企业决策权有不同的要求。所有者为了捍卫自身利益及其治理目标的实现，会选择不同的方式介入企业决策权的争夺。掌握决策权的主体不同，那么决策权私有收益的形成、分配和转移过程中所涉及的投资行为必然会存在差异。

根据前文分析可知，国有企业混合所有制改革过程中，国有企业治理模式从"行政型治理模式"向"经济型治理模式"转型是国有企业改革发展的必然趋势（李维安等，2019），随着内外部治理机制逐步完善，国有企业内部的权力配置模式也会发生相应变化，从"行政主导型"模式向"经济主导型"模式转变。在经济主导型的决策权配置方式下，决策主体具有更强的逐利性动机，更关注经营绩效与投资回报，为此将会强化决策质量提升，采取更加积极的投资行为，其原因如下所述。

首先，在经济主导型的决策权配置方式下，行政介入和干预性程度更低，受到的非经济性干扰因素相对较少；并且伴随着总经理自主权的增强，高层管理者经营的积极性与自主性得到进一步提升，有助于激发其勇于开拓、积极创新的企业家精神。其次，在经济主导型的决策权配置方式下，董事会的经济属性更强，较高的独立董事比例和经济型董事比例使其在决策过程中更加注重经济目标的实现；同时，较高的董事持股比例也有助于提升董事自身的积极性，进而提升董事会经营的积极性和经济目标导向。最后，在经济主导型的决策权配置方式下，决策参与程度更高，从现有文献来看，适度提升决策团队规模有助于提升决策主体的多样性和异质性，进而提高决策质量；董事会专业委员会的设置以及勤奋的董事会（以董事会会议次数反映），有助于董事会更好地发挥其监督和决策职能，进而有助于提高企业投资决策质量。这会使得企业投资决策行为呈现更加积极的表现，如创新性的风险投资更多以及投资效率更高。

依据前文对于国有企业决策权配置的界定与测量，经济主导型的决策权配置方式主要表现为较低的行政介入程度、较高的董事会经济性、较高的总经理自主权以及较高的决策参与性。为此，本书从经济主导型决策权配置方式的四个维度出发作进一步分析。

第一，从行政介入性角度来看，政府的行政干预在抑制国有企业管理者机会主义行为的同时，也会带来一些负面影响。一方面，在财税分置背景下，地方政府（官员）为了达到绩效考核标准以及成功晋升会采取一系列的措施，干预辖区内的国有企业投资行为于他们而言可能是最好的方式（北京大学中国经济研究中心宏观组，2004）。同时，作为渐进式改革过程中的内生现象，政府（官员）对国有企业的行政干预依然强劲，为了实现其所辖地区在经济上或是就业率等方面的提升，政府（官员）会采取诸多措施干预企业的投资决策，最终可能导致这些企业出现过度投资的问题（Chen et al.，2011）。在此情况下，国有企业决策权配置中的行政性力量介入较高的话，容易导致企业在经营决策过程中，受到更多的行政干预，承担更多的政策性负担，进而会影响企业的投资效率（白俊和连立帅，2014）和风险承担水平（赵静和郝颖，2013）。

另一方面，高风险的投资活动一旦失败，所造成的经济损失比较大，决策者所承担的责任比较重，在此情况下，行政性的决策主体在进行投资决策时会慎重考虑投资风险承担水平（Boubakri et al.，2013）。反之，国有企业进行混合所有制改革，引入非国有资本，在一定程度上会缓解决策权配置中的行政干预性。而非国有资本强烈的逐利性动机使其在企业经营的过程中难以忽视企业的业绩表现与投资收益。因此，减少行政性力量对决策过程的介入，有助于使企业投资决策更加关注经济性目标，进而有助于改善投资决策的经济后果，如提升投资效率和加大创新投入等。综上可知，降低决策权配置中的行政介入性有助于提升投资效率和促进企业风险承担。

第二，从董事会经济性角度来看，董事会经济性主要体现在董事持股比例、独立董事比例和经济型董事比例等方面。

（1）从董事持股比例来看，股权激励的存在使董事与公司之间形成了一定程度上的利益捆绑，董事自身财富的获取情况受企业经营业绩的影响较大。当企业经营业绩的好坏决定了董事所能取得的利益的多寡时，会促使董事会成员更加积极地去关注企业投资活动。已有研究指出，董事持股比例的增加会促使董事会行为有更加积极的表现，公司的价值也会提升（马连福和石晓飞，2014）。其原因就在于，当董事会持股比例上升时，出于对自身利益最大化的追求董事会采取更为积极的创新投资活动。并且为了防止对自身利益造成损害的情况发生，董事会成员对公司投资活动的监督力度也会更大，这在一定程度上也有助于提升投资决策质量。因此，董事持股比例的增大有助于提高投资效率，增加企业创新投入。

（2）从独立董事比例来看，随着独立董事比例的提升，因代理冲突所产生的非效率投资行为将得以缓解。一方面，较高的董事会独立性有助于强化董事会对管理者进行监督，并对其过度投资行为进行制约，减少管理者的非理性决策行为。孙艳梅（2015）研究发现，当独立董事比例提升时，独立董事的独立性越强，对内部经理人在投资决策中的逆向选择与道德风险问题方面的抑制作用越有力，从而提高企业的投资效率。另一方面，独立董事通常由不同领域的专家学者、商界成功人士担任，他们专业性强、社会资源丰富。当独立董事的比例增加时，董事会的人力资本将增加。而人力资本丰富的董事会能够为企业的投资活动给出更好的投资建议，从而提升企业的决策质量（许为宾和周建，2017）。另外独立董事比例越高，所带来的关系网络就更多，董事会社会资本增加，有助于满足企业投资决策的资源性需求。陈运森和谢德仁（2011）引入了"董事网络位置"这一独立董事特征，并发现网络中心度越高，独立董事的治理作用越好，其所在公司的投资效率会越高。

同时，独立董事比例的提升，除了能够改善企业的投资效率，对企业的创新投资同样有所影响。当面临业绩压力时，管理者在投资决策中，常常会发生短视行为，他们更偏好收益快、周期短的投资项目，而对周期长、具有长期收益的项目投资不足，而创新投资回报周期长的特点自然被管理者所排斥。已有研究指出，当企业面临业绩压力时，管理者均会倾向于降低费用化的创新投入（贺亚楠等，2019）。而独立董事通过对管理层提出的短视投资计划进行监督，在一定程度上能够缓解企业管理人员的短视问题（郑志刚等，2016）。因此，当独立董事比例获得提升时，将进一步促使管理者关注企业的长期发展，最终提高了企业的创新投资（吴迪和张玉昌，2019）。另外，如前文所述，当独立董事比例提升时，为公司带来的资源便越多。独立董事所拥有的人力资源与社会资源将为企业进行高投入的创新投资提供资源支持。一方面，他们所拥有的专业知识能够缓解企业在进行创新投资活动时所遭遇的技术约束（李伟等，2018）。另一方面，部分独立董事的银行背景也能缓解企业在创新投资中的融资约束，为企业的创新投资提供足够的资金支持（刘浩等，2012）。因此，当独立董事比例提升时，企业会更偏向于加大创新投资。

（3）从经济型董事比例来看，经济型董事是指董事会当中具有经济管理专业背景（如管理、会计、金融、经济学等）的董事。这种专业背景会促使其在公司经营的过程中，更加关注公司业绩与利润最大化。企业投资决策通常会涉及资本运作、项目甄选和经济效益评估等内容，而这些重要事项的决策大多需要经济管理专业知识（叶康涛等，2011）。当董事具有经济管理专业背景时，其长期形成的专业知识、风险偏好和价值观等会影响其决策行为，使其有能力进行更准确的判断和更好地发挥监督作用。叶康涛等（2011）研究发现，具有经济管理专业背景的独立董事更可能对董事会议案提出公开质疑。向锐（2014）研究表明，拥有金融背景的独立董事，感知企业风险的能力更强，更加注重投资有效性问题，且对公司的投融资状况把握得更加清楚。

因此，当董事具有经济管理专业背景时，其对于企业投资问题有着更为专业的理解，使其能较好地给出专业判断，也使其面对企业投资决策专业问题时更具发言权。所以，对于企业来说，具有经济管理专业背景的董事的意见更具有参考性（苏灵等，2011）。事实上，市场对于具有经济管理专业背景的独立董事认可度也比较高（Defond et al.，2015）。因此，当公司经济型董事比例较高时更有助于提高企业投资决策的质量，改善投资决策的经济后果。

第三，从总经理自主权来看，总经理自主权主要体现在三个方面：总经理是否兼任董事长、总经理任期以及地区管理者自主权情况。

（1）从总经理兼任董事长来看，总经理兼任董事长的领导权结构赋予了管理者最高的领导地位，保证了领导权的清晰和一致性，有利于提高信息沟通效率和决策效率（Brickley et al.，1997）。在两职合一的情况下，经理人也可获得更多的自主权，使其更有动力通过实施积极可行的方案实现自我价值。一方面，总经理投资战略的制定和实施受董事会和大股东控制的程度减弱，使其能够按照自身意愿去制定和实施投资决策（王菁和孙元欣，2014），在面对多变的环境时，经理人也更有动力找寻其市场中所蕴含的投资机会，从而使企业投资不足的情况得到一定的缓解（Finkelstein & Aveni，1994），提升企业投资效率。另一方面，两职兼任使得管理者动员冗余资源进行企业创新和业务调整的速度更快（李健和李晏墅，2013），这在一定程度上也提高了企业的经营效率与资源利用效率，进而促进企业投资效率提升。

（2）从总经理任期来看，已有研究指出，随着总经理任期的延长，企业的创新投入将增加（刘运国和刘雯，2007；李国勇等，2012；宋铁波等，2020）。原因在于：一方面，创新投资作为一项重要的企业投资决策行为，依赖于决策者的认知偏好（Massis et al.，2014）。任期较短的总经理合法性权威相对较低，其在企业内部谋求建立合法性的需求更高，而这种对合法性的谋求会使其产生强烈的"速胜动机"，需要快速做出良好的业绩来建立其合法性权威。企业创新投资作为一项不确定性较高、回报周期较长的投资决策，在短期之内会增加企业的财务风险，影响短期经济绩效，将来的研发失败也有可能会引发利益相关者的强烈不满。因此，迫于对合法性的强烈需求，任期较短的总经理应避免陷入这种不确定性较高的创新投资承诺之中。

另一方面，总经理任期越长时，获得的报酬也就越多，但当其到达一定程度时，可能不再具有激励作用，因此此时总经理将更加关注非物质因素所带来的满足感与成就感，并且当总经理任期越长时，其也更加关注企业的长远发展（刘运国和刘雯，2007），而较高挑战难度的创新投资活动不仅能满足总经理此时自我成就的需要，也符合企业实现长久良好发展的要求。

同时，任期较长的总经理也有助于企业投资效率的提升。任期较长的总经理个体权威较高，拥有较大的自主权，在一定程度上能够减缓行政行为对企业投资决策的干扰，增强企业的市场适应性，其能够更好地发挥专业技能，获取专业化投资收益。而且，当总经理任期较长时，其所掌握的内部信息更充分，经营阅历、企业相关知识与经验就更丰富，对企业的控制力和对投资机会的把握能力就更强（文芳，2015）。其凭借着更为熟练的经营技能与更加丰富的市场运作知识，有助于提升企业投资决策质量，进而提高企业投资效率。

（3）从地区管理者自主权情况来看，管理自主权是管理者在制定或执行战略过程中所具备的行为能力与自由度，它影响着管理者对于战略的选择、制定与实施，并由此决定了管理者对于组织结果的影响程度（Hambrick & Finkelstein，1987）。正如格兰诺维特（Granovetter，1985）所讲的"行动者具有目的性的行动企图实际上是嵌在证实的、正在运作的社会关系之中的"。地区管理者自主权情况反映的是整个地区管理者的决策自由度，所体现的是地区政府干预、金融发展水平、司法公正程度、劳动力灵活性、贸易保护程度以及社会信任水平等企业经营环境对管理者决策自由度的制约情况。地区管理者自主权情况越好，企业投资效率和创新投资水平越高，其原因在于：一方面，管理者决策自由度较高，意味着企业决策所受到的环境制约和资源制约较少，企业投资决策可能遭遇的制度环境约束和融资约束等情况较少等，这在一定程度上有助于投资效率的改善。另一方面，根据社会心理学中的权力接近/抑制理论的观点，权力大的个体拥有更多的行动自由，更认为自己的环境充满奖赏而没有威胁，对未来发展更加充满信心，会强化其个体决策的风险倾向（周建等，2015）。张三保和张志学（2012）的研究也证实，总经理管理自主权的提升，会促使企业的风险承担水平以及绩效水平都获得显著提升。因此，管理者更有动力进行创新投资活动。

第四，从决策参与性来看，决策参与性主要包括高管团队规模、董事会会议次数以及董事会委员会设置情况等。

（1）从高管团队规模来看，高管团队作为企业的重要人力资源，对企业的战略决策和战略执行有显著影响（Hambrick & Mason，1984）。董事会成员通常由拥有不同专业背景以及职业经验的个体构成，他们或是在财务、法律、市场方面钻研颇深，或是拥有在其他企业以及在政府丰富的任职经历。在企业进行投资决策的过程中，他们可以充分发挥各自的专业才能，为企业提供更好的咨询建议（Hillman & Dalzai，2003）。并且在企业经营的过程中，通常会遭遇各式各样复杂的投资决策环境，因此，在董事会的人力资源更加丰富的情况下，他们的专业能力和丰富经验有助于提升在此种环境下的洞察力，并且更加精准地发现目前环境中的机会与威胁，在面对复杂的投资决策时也会更加得心应手（Crabtree & Gomolka，1996）。最终为企业带来更高质量的投资建议。杨继伟（2016）研究证实，董事会规模的扩大有助于提升企业投资效率。

同时，当高管团队规模较大时，团队成员之间的异质性程度较高，不同专业背景和职业经验背景的团队成员能够为决策带来差异化的知识和观察视角，激发建设性辩论和认知冲突，有利于形成创新思维，促进创新投资决策的形成。李小青（2012）研究证实，决策团队异质性与企业创新战略显著正相关。同时，高管团队所构造的社会网络形成了丰富的社会资本，有助于企业通过非市场化的方式，获取相关发展资源和合法性支持。包括帮助企业缓解融资约束，获取投资决策所需的政策、资金和信息，这种社会资本所带来的资源效应，在一定程度上有助于提升企业的风险承担水平，进而促进企业创新投入的提高（余晨阳和何流，2019）。

（2）从董事会会议次数来看，董事会会议作为董事会制定重大决策的主要平台，是公司治理的重要机制之一。在所有权与经营权两权分离的情况下，董事会作为决策机构主要通过董事会会议对企业重大事项进行决策。董事们对公司的勤勉程度在一定程度上可由董事会会议召开的次数表现出来，当董事会更加频繁地召开董事会时，一方面促使着董事们为公司投入更多的精力；另一方面也使得董事们对公司整体的经营情况了解得更深（薛有志等，2010）。

同时，董事会会议次数越多时，有助于董事们沟通更加充分，避免因为沟通不畅所导致的决策分歧。因此，董事会会议次数的增加有助于提升董事对企业战略的参与程度。同时，通过定期的董事会会议制度，也可以强化对经理层的监督制衡（南开大学公司治理研究中心公司治理评价课题组，2006），减少经理人决策过程的机会主义行为，进而提高企业投资决策质量。姜英兵（2012）研究证实，董事会会议次数越多，越能够提高董事会的运作效率，有利于董事会对公司管理层的各种机会主义行为进行识别和监督，进而改善企业绩效。刘胜楠和杨世忠（2019）研究发现，良好的董事会会议强度缓解了公司在研发问题上的代理问题，董事会增加会议召开的次数时，可充分发挥董事会的相关职能。原因在于：一方面，董事们有更多的机会在会议上提出关于研发投资方面的议题。另一方面，通过对管理层可能出现的机会主义行为进行充分监督，也能更好地保证企业研发活动的有序进行并提高专利申请的数量，最终形成企业在创新方面的强劲优势。因此，良好的董事会会议强度有助于提升企业投资决策质量，促进创新投入。

（3）从董事会专业委员会设置情况来看，董事会专业委员会在一定程度上体现了董事会职能的专业化，是董事会治理的重要组成部分，完善董事会下设的各专业委员会有助于治理效率的提高并且对经济绩效也有显著的正向影响（于东智，2003，2004；徐志武，2019）。原因在于：基于专业化分工协作的组织理念所设置的专业委员会，可充分发挥各个委员会成员的专业性。在企业较为复杂的决策活动中，专业化的经营建议对管理层更为宝贵（Adams & Ferrei，2007），进而有助于提升企业投资决策的科学性和对风险性投资的正确认识。现有研究也证实了专门委员会的设置对投资效率及创新投资等有显著影响，如王楠楠（2011）研究证实，公司设立董事会战略委员会有助于改善企业投资效率。楚有为（2018）研究证实，董事会审计委员会的专业背景有助于减少研发活动中的盈余操纵行为，提高研发投资的有效性。

总的来说，在经济主导型的决策权配置方式下，较少的行政介入性、较高的董事会经济性和总经理决策自主权，以及较高的决策参与性，将会促使决策者更关注经营绩效与投资回报，为此将会强化决策质量提升，采取更加积极的投资行为，进而促进投资效率提高和创新投资水平提升。基于上述分析，我们提出如下假设。

假设 5a：经济主导型决策权配置方式有利于促进企业创新投资水平提升。

假设 5b：经济主导型决策权配置方式有利于促进企业投资效率提升。

4.2　研 究 设 计

4.2.1　样本与数据来源

本章选取 2013～2018 年沪深 A 股国有上市公司为样本。我们对数据进行了如下处理：（1）剔除 ST 类、金融类上市公司；（2）剔除异常值；（3）剔除数据严重缺失的上市公司样本；（4）剔除统计当年新上市的企业；（5）剔除统计当年退市的企业。对主要连续变量在 1% 的水平上进行 Winsorize 处理，最终得到样本公司 1016 家，共计 4680 个观测值。

4.2.2 变量界定

（1）被解释变量。

投资决策（INV）。分别用投资效率、投资规模、投资风险来测量企业的投资决策。我们借鉴理查森（Richardson，2006）的方法，使用模型（4-1）来估计投资效率。

$$Invest_t = \alpha_0 + \alpha_1 Growth_{t-1} + \alpha_2 Lev_{t-1} + \alpha_3 Cash_{t-1} + \alpha_4 Age_{t-1}$$
$$+ \alpha_5 Size_{t-1} + \alpha_6 Returns_{t-1} + \alpha_7 Invest_{t-1} + \varepsilon \tag{4-1}$$

其中，Invest 为新增投资，Invest =（资本支出 + 并购支出 - 出售长期资产收入 - 折旧）/总资产。资本支出为现金流量表（直接法）中的"购建固定资产、无形资产及其他长期资产的支出"项目；并购支出为现金流量表（直接法）中的"取得子公司及其他营业单位支付的现金净额"项目；出售长期资产收入为现金流量表（直接法）中的"处置固定资产、无形资产和其他长期资产收回的现金净额"项目，折旧为现金流量表（间接法）中的"当期折旧费用"；我们用模型（4-1）中的残差来估计企业的非效率投资情况，如果残差大于零，则表示企业存在过度投资的情况。另外，我们用企业资本支出与并购支出之和与总资产的比值来测量投资规模，用企业研发投入与总资产的比值来测量创新投资水平。考虑到投资决策经济后果的滞后性，我们将因变量作滞后一期处理。

（2）解释变量。

决策权配置方式（EDRM）。如前文所述，我们构建了测量决策权配置方式的测量指标体系，具体测量办法参见前文第 3 章相应内容。

（3）控制变量。

参考陈德球等（2013）的研究，本章的控制变量包括：企业规模、资产负债率、企业成长性、盈利能力、现金流量、总经理性别、总经理年龄、总经理受教育程度、地区 GDP 状况，此外我们还控制了行业和年度效应。具体的变量定义及变量测量方法如表4.1所示。

表4.1 变量定义

变量名称		变量符号	变量定义
投资决策	创新投资	INV1	用企业研发投入/总资产来衡量
	投资效率	INV2	具体定义见上文
决策权配置		EDRM	具体定义见上文
企业规模		Size	企业当年期末资产余额的自然对数
资产负债率		Lev	总负债/总资产
企业成长性		Growth	（当年营业收入–上一年营业收入）/上一年营业收入
盈利能力		ROA	用总资产净利润率来衡量
现金流量		Cash	经营活动产生的现金流量净额/总资产
企业家年龄		CEO_Age	企业家实际年龄的自然对数
企业家性别		Gender	若企业家性别为男性，取值为1，否则为0
企业家受教育程度		Edu	依照企业家受教育程度，本科以下/本科/硕士/博士，依次取值0/1/2/3
地区 GDP		Gdp	地区人均 GDP，单位为万元
行业虚拟变量		Industry	行业虚拟变量
年度虚拟变量		Year	年度虚拟变量

4.2.3 模型设计

为检验决策权配置对投资决策的影响，设置以下待检验模型：

$$INV = \beta_0 + \beta_1 EDRM + \beta_i Controls + Ind + Year + \varepsilon \quad (4-2)$$

4.3 实证检验结果与分析

4.3.1 描述性统计

表 4.2 给出了样本公司主要变量的描述性统计结果。创新投资（*INV*1）的最小值为 0，最大值为 0.670，平均值为 0.085，标准差为 0.116；企业投资效率（*INV*2）的最小值为 -0.102，最大值为 0.165，平均值为 0.012，标准差为 0.022，表明样本企业在创新投资和投资效率之间差异性较大。决策权配置方式（*EDRM*）的最小值为 0，最大值为 1，平均值为 0.505，标准差为 0.500，这表明样本企业在决策权配置方式选择方面存在较大差异，选择经济主导型决策权配置方式的样本公司比例为 50%。其余变量的描述性统计结果如表 4.2 所示。

表 4.2   描述性统计

变量	均值	标准差	最小值	下四分位数	中位数	上四分位数	最大值
*INV*1	0.085	0.116	0.000	0.007	0.024	0.192	0.670
*INV*2	0.002	0.022	-0.102	-0.009	0.001	0.012	0.165
EDRM	0.505	0.500	0.000	0.000	1.000	1.000	1.000
EBD	-0.339	0.295	-0.947	-0.531	-0.393	-0.224	0.993
Market	0.501	0.500	0.000	0.000	1.000	1.000	1.000
Center	0.326	0.469	0.000	0.000	0.000	1.000	1.000
Business	0.751	0.432	0.000	1.000	1.000	1.000	1.000
Size	22.730	1.424	18.390	21.760	22.570	23.580	28.510
Lev	0.505	0.208	0.003	0.344	0.512	0.666	0.999
Growth	0.001	0.021	-0.003	0.000	0.000	0.000	1.000
Roa	0.027	0.058	-0.699	0.008	0.026	0.050	0.445

续表

变量	均值	标准差	最小值	下四分位数	中位数	上四分位数	最大值
Cash	−0.832	1.407	−8.563	−1.619	−0.439	0.000	10.990
Age	3.914	0.109	3.332	3.850	3.932	3.989	4.331
Gender	0.958	0.200	0.000	1.000	1.000	1.000	1.000
Edu	1.900	1.368	0.000	0.000	3.000	3.000	3.000
Gdp	4.139	2.040	1.312	2.628	4.003	5.171	9.317

表 4.3 为各变量之间的相关系数。从表 4.3 中可以看出，经济主导型决策权配置与投资决策之间存在正相关关系，初步验证了本书研究的假设 1，具体还需要进一步的回归检验。其他变量之间的相关系数均小于 0.4，这表明不存在多重共线性，可以作进一步的回归处理。

表 4.3 相关系数

变量	*INV*1	*INV*2	*EDRM*	*EBD*	*Size*
*INV*1	1.000				
*INV*2	0.236 ***	1.000			
EDRM	0.012	0.078 ***	1.000		
EBD	0.079 ***	0.165 ***	0.138 ***	1.000	
Market	0.026 *	0.053 ***	−0.020	0.007	
Center	0.023	0.108 ***	−0.052 ***	−0.028 *	
Business	−0.193 ***	0.040 ***	0.010	0.128 ***	
Size	−0.103 ***	−0.022	0.021	−0.136 ***	1.000
Lev	0.007	0.006	−0.007	−0.024 *	0.337 ***
Growth	0.057 ***	0.001	−0.012	0.001	−0.016
Roa	0.015	−0.018	0.063 ***	−0.002	0.030 **
Cash	0.070 ***	0.001	−0.029 *	−0.001	−0.021
Age	−0.037 **	0.007	0.059 ***	−0.061 ***	0.159 ***
Gender	−0.012	0.020	−0.007	−0.025 *	0.021
Edu	−0.018	0.011	0.125 ***	0.102 ***	0.014
Gdp	−0.042 ***	−0.005	0.006	−0.033 **	0.091 ***

变量	Lev	Growth	Roa	Cash	Age	Gender	Edu
Lev	1.000						
Growth	0.024 *	1.000					
Roa	-0.311 ***	-0.010	1.000				
Cash	0.069 ***	0.237 ***	-0.031 **	1.000			
Age	-0.018	-0.029 **	0.058 ***	-0.064 ***	1.000		
Gender	0.009	0.007	0.011	-0.009	0.063 ***	1.000	
Edu	-0.049 ***	0.010	0.026 *	-0.015	0.090 ***	-0.012	1.000
Gdp	-0.007	-0.018	0.018	0.012	0.028 *	-0.008	0.148 ***

注：$*p<0.05$，$**p<0.01$，$***p<0.001$。

4.3.2 实证检验结果

4.3.2.1 决策权配置方式与投资决策

本章研究采用固定效应回归对本书假设 5 进行了检验，检验结果如表 4.4 所示。表 4.4 中列（1）是对创新投资的检验结果，经济主导型决策权配置模式（EDRM）与创新投资（INV1）的估值系数为 0.012，且在 1% 的水平上显著。列（3）是对投资效率的检验结果，经济主导型决策权配置模式（EDRM）与投资效率（INV2）的估值系数为 0.014，且在 0.1% 的水平上显著。这一结果表明，经济主导型决策权配置方式有利于促进企业创新投资，提升企业投资效率，本章的研究假设 5 得到支持。

表4.4　　　　　　　决策权配置方式与投资决策

变量	(1)	(2)	(3)	(4)
	INV1	t 值	INV2	t 值
常数项	0.871 ***	8.537	0.025	0.654
EDRM	0.012 **	2.934	0.014 ***	3.516

续表

变量	（1）	（2）	（3）	（4）
	INV1	t 值	INV2	t 值
Size	− 0. 036 ***	− 9. 881	− 0. 002	− 1. 358
Lev	0. 002	0. 108	− 0. 003	− 0. 865
Growth	0. 020	1. 050	0. 006	0. 681
Roa	− 0. 012	− 0. 475	− 0. 005	− 0. 594
Cash	0. 001	0. 033	− 0. 001 *	− 2. 017
Age	0. 003	0. 172	0. 005	0. 837
Gender	0. 013	1. 331	0. 003	1. 076
Edu	0. 001	0. 052	0. 001 *	1. 964
Gdp	− 0. 001	− 0. 170	− 0. 001	− 0. 740
Ind/Year	控制		控制	
F	4. 030		16. 480	
$Adj - R^2$	0. 079		0. 073	
N	4680		4680	

注：$*p < 0.05$，$**p < 0.01$，$***p < 0.001$。

进一步来说，依据现有研究，企业投资决策的经济后果除了会受到企业内部治理因素的影响外，难免会受到外部制度环境的影响，为此，我们进一步考察了市场环境的影响效应，根据《中国市场化指数》，我们以中位数为标准进行区分，中位数之上的地区为市场化环境较高的地区，中位数之下的地区为市场化环境较差的地区，回归检验结果如表4.5所示。

表 4.5　　　　　　　　　　　市场环境的影响效应

变量	（1）	（2）	（3）	（4）
	INV1		INV2	
	Market = 1	Market = 0	Market = 1	Market = 0
常数项	0. 963 *** (7. 007)	0. 748 *** (5. 254)	0. 062 (0. 795)	0. 040 (1. 156)
EDRM	0. 009 * (1. 961)	0. 008 (1. 693)	0. 005 * (2. 277)	0. 001 (0. 838)

续表

变量	(1)	(2)	(3)	(4)
	INV1		INV2	
	Market = 1	Market = 0	Market = 1	Market = 0
Size	−0.038 *** (−7.933)	−0.032 *** (−5.819)	−0.003 (−1.122)	−0.001 (−1.152)
Lev	−0.028 (−1.676)	0.014 (0.516)	−0.005 (−0.652)	−0.003 (−0.652)
Growth	0.026 (0.285)	0.012 (0.690)	0.018 * (2.101)	0.016 (0.994)
Roa	0.024 (0.652)	−0.035 (−0.871)	−0.003 (−0.160)	−0.009 (−1.287)
Cash	0.000 (0.309)	−0.000 (−0.256)	0.000 (0.253)	−0.001 ** (−3.165)
Age	−0.009 (−0.439)	0.008 (0.287)	0.003 (0.443)	−0.004 (−0.603)
Gender	0.008 (0.750)	−0.001 (−0.051)	−0.001 (−0.250)	0.002 (0.504)
Edu	−0.001 (−0.528)	0.000 (0.177)	0.002 (1.919)	0.000 (0.354)
Gdp	0.005 (1.054)	0.002 (0.771)	0.001 (0.333)	0.001 (0.509)
Ind/Year	控制	控制	控制	控制
F	3.450	2.310	2.060	2.030
$Adj-R^2$	0.062	0.083	0.070	0.079
N	2343	2337	2343	2337
b0 − b1	−0.001		−0.004	
Chi2	8.690		24.000	
p	0.003		0.000	

注：$*p<0.05$，$**p<0.01$，$***p<0.001$，括号中为 t 值。

根据表4.5的检验结果，列（1）、列（2）为创新投资的检验结果，从数据结果来看，在市场环境较好的地区，经济主导型决策权配置方式

（*EDRM*）与创新投资（*INV*1）之间的估值系数为 0.009，在 5% 的水平上显著；在市场环境较差的地区，经济主导型决策权配置方式（*EDRM*）与创新投资（*INV*1）之间的估值系数为 0.008，且不显著。进一步系数差异性检验结果表明，经济主导型决策权配置方式（*EDRM*）对创新投资（*INV*1）的积极影响在市场化环境较好的地区更显著。

表 4.5 列（3）、列（4）为投资效率的检验结果，从数据结果来看，在市场环境较好的地区，经济主导型决策权配置方式（*EDRM*）与投资效率（*INV*2）之间的估值系数为 0.005，在 5% 的水平上显著；在市场环境较差的地区，经济主导型决策权配置方式（*EDRM*）与投资效率（*INV*2）之间的估值系数为 0.001，不具有统计意义上的显著性。进一步的系数差异性检验结果表明，经济主导型决策权配置方式（*EDRM*）对投资效率（*INV*2）的积极影响在市场化环境较好的地区更显著。

现有研究认为，企业的行政隶属级别（administrative subordinate level, ASL）会影响到决策权配置的有效性和投资决策行为。依据企业的行政隶属级别我们将样本企业分为中央国有企业和地方国有企业，中央国有企业赋值为 1，地方国有企业赋值为 0，检验结果如表 4.6 所示。

表 4.6　企业行政隶属级别的影响效应

变量	(1) *INV*1 ASL = 1	(2) *INV*1 ASL = 0	(3) *INV*2 ASL = 1	(4) *INV*2 ASL = 0
常数项	0.832 *** (4.737)	0.887 *** (8.843)	0.057 (1.014)	0.013 (0.470)
EDRM	0.023 *** (3.366)	0.005 (1.511)	0.005 * (2.451)	0.001 (0.606)
Size	-0.037 *** (-5.590)	-0.035 *** (-10.239)	-0.006 ** (-3.136)	-0.000 (-0.000)
Lev	0.013 (0.462)	-0.004 (-0.290)	0.005 (0.690)	-0.005 (-1.504)

续表

变量	(1) INV1 ASL = 1	(2) INV1 ASL = 0	(3) INV2 ASL = 1	(4) INV2 ASL = 0
Growth	0.228 (1.610)	0.021 (0.432)	−0.062 (−0.498)	0.014 (1.043)
Roa	−0.097* (−2.218)	0.020 (0.789)	−0.018 (−1.255)	−0.012 (−1.797)
Cash	0.000 (0.354)	0.000 (0.021)	−0.000 (−0.903)	−0.000 (−1.806)
Age	0.007 (0.208)	0.001 (0.048)	0.020 (1.880)	−0.003 (−0.560)
Gender	0.008 (0.518)	0.014 (1.540)	0.002 (0.379)	−0.000 (−0.045)
Edu	−0.003 (−1.211)	0.001 (0.710)	0.003* (2.577)	−0.000 (−0.829)
Gdp	0.007 (0.787)	−0.005 (−1.117)	−0.000 (−0.224)	−0.001 (−0.432)
Ind/Year	控制	控制	控制	控制
F	2.690	4.720	2.100	2.040
$Adj - R^2$	0.105	0.077	0.073	0.083
N	1528	3152	1528	3152
b0 − b1	−0.018		−0.004	
Chi2	18.310		32.360	
p	0.000		0.000	

注：$*p<0.05$，$**p<0.01$，$***p<0.001$，括号中为 t 值。

表 4.6 中列（1）、列（2）为创新投资的检验结果，从数据结果来看，在中央国有企业中，经济主导型决策权配置方式（EDRM）与创新投资（INV1）之间的估值系数为 0.023，在 0.1% 的水平上显著；在地方国有企业中，经济主导型决策权配置方式（EDRM）与创新投资（INV1）之间的估值系数为 0.005，不具有统计意义上的显著性。进一步的系数差异性检验结果

表明，经济主导型决策权配置方式（*EDRM*）对创新投资（*INV*1）的积极影响在中央国有企业中更显著。

表 4.6 中列（3）、列（4）为投资效率的检验结果，从数据结果来看，在中央国有企业中，经济主导型决策权配置方式（*EDRM*）与投资效率（*INV*2）之间的估值系数为 0.005，在 5% 的水平上显著；在地方国有企业中，经济主导型决策权配置方式（*EDRM*）与投资效率（*INV*2）之间的估值系数为 0.001，不具有统计意义上的显著性。进一步系数差异性检验结果表明，经济主导型决策权配置方式（*EDRM*）对投资效率（*INV*2）的积极影响在中央国有企业中更显著。

依据国有企业混合所有制改革精神，主要采取分类改革的方式推进国有企业混合所有制改革工作，将国有企业分为公益类企业和商业类企业，改制的要求存在差异，这必然会影响到企业决策权配置与投资决策关系。根据国有企业分类改革思想，我们将样本企业分为公益类和商业类，商业类企业赋值为 1，公益类企业赋值为 0，在此基础上对企业类型（enterprise type，ET）的影响效应进行了检验，检验结果如表 4.7 所示。

表 4.7 企业类型的影响效应

变量	(1) *INV*1 ET = 1	(2) *INV*1 ET = 0	(3) *INV*2 ET = 1	(4) *INV*2 ET = 0
常数项	0.603 *** (5.571)	1.673 *** (7.066)	0.016 (0.331)	0.015 (0.266)
EDRM	0.011 ** (2.697)	− 0.001 (− 0.208)	0.004 ** (3.033)	− 0.001 (− 0.609)
Size	− 0.027 *** (− 6.928)	− 0.062 *** (− 7.016)	− 0.002 (− 1.054)	− 0.001 (− 0.539)
Lev	− 0.011 (− 0.687)	0.092 ** (2.898)	− 0.005 (− 1.150)	0.005 (0.658)

续表

变量	（1） INV1 ET = 1	（2） INV1 ET = 0	（3） INV2 ET = 1	（4） INV2 ET = 0
Growth	0.011 （0.587）	0.160 （0.834）	0.003 （0.295）	0.074 （1.677）
Roa	−0.020 （−0.891）	0.006 （0.093）	−0.005 （−0.550）	0.001 （0.068）
Cash	0.001 （1.405）	−0.001 （−0.531）	−0.000 （−0.488）	−0.001 * （−2.278）
Age	0.017 （1.077）	−0.053 （−1.425）	0.009 （1.364）	0.006 （0.753）
Gender	0.012 （1.372）	0.022 （1.196）	0.001 （0.138）	0.001 （0.126）
Edu	−0.001 （−0.584）	0.005 （1.247）	0.000 （0.636）	0.002 ** （2.739）
Gdp	0.001 （0.306）	−0.003 （−0.249）	−0.000 （−0.042）	−0.005 * （−2.075）
Ind/Year	控制	控制	控制	控制
F	4.810	3.950	2.240	2.440
$Adj - R^2$	0.053	0.125	0.074	0.073
N	3516	1164	3516	1164
b0 − b1	−0.012		−0.005	
Chi2	9.740		14.200	
p	0.002		0.000	

注：$*p < 0.05$，$**p < 0.01$，$***p < 0.001$，括号中为 t 值。

表 4.7 中列（1）、列（2）为创新投资的检验结果，从数据结果来看，在商业类企业中，经济主导型决策权配置方式（EDRM）与创新投资（INV1）之间的估值系数为 0.011，在 1% 的水平上显著；在公益类企业中，经济主导型决策权配置方式（EDRM）与创新投资（INV1）之间的估值系数为 −0.001，不具

有统计意义上的显著性。进一步的系数差异性检验结果表明，经济主导型决策权配置方式（*EDRM*）对创新投资（*INV*1）的积极影响在商业类企业中更显著。

表 4.7 中列（3）、列（4）为投资效率的检验结果，从数据结果来看，在商业类企业中，经济主导型决策权配置方式（*EDRM*）与投资效率（*INV*2）之间的估值系数为 0.004，在 1% 的水平上显著；在地方国有企业中，经济主导型决策权配置方式（*EDRM*）与投资效率（*INV*2）之间的估值系数为 −0.001，不具有统计意义上的显著性。进一步系数差异性检验结果表明，经济主导型决策权配置方式（*EDRM*）对投资效率（*INV*2）的积极影响在商业类企业中更显著。

4.3.2.2 稳健性检验

为保证结果的稳健性，我们将因变量由分类变量变换为连续变量，以提取的公因子的实际分值进行测量并重新检验，检验结果如表 4.8 所示。考虑到可能存在的内生性问题，我们进行了 2SLS 回归检验（见表 4.9），检验结果没有发生实质性改变，表明本章研究的结果是稳健的。

表 4.8 稳健性检验

变量	(1)	(2)	(3)	(4)	(5)	(6)
	*INV*1	*INV*1	*INV*1	*INV*2	*INV*2	*INV*2
常数项	0.083 *** (979.766)	0.911 *** (9.059)	0.904 *** (8.798)	0.002 *** (63.105)	0.037 (1.000)	0.043 (1.146)
*EDRM*1	0.012 *** (3.674)	0.012 *** (3.630)	0.012 *** (3.688)	0.006 *** (4.566)	0.006 *** (4.456)	0.006 *** (4.539)
Size		−0.037 *** (−10.064)	−0.036 *** (−9.876)		−0.002 (−1.220)	−0.002 (−1.302)
Lev		0.001 (0.051)	0.001 (0.052)		−0.004 (−0.979)	−0.004 (−0.973)
Growth		0.025 (1.319)	0.020 (1.094)		0.005 (0.556)	0.006 (0.709)

续表

变量	(1)	(2)	(3)	(4)	(5)	(6)
	INV1	INV1	INV1	INV2	INV2	INV2
Roa		−0.010 (−0.391)	−0.013 (−0.511)		−0.005 (−0.553)	−0.005 (−0.652)
Cash		0.000 (0.043)	0.000 (0.086)		−0.001 (−1.905)	−0.001 (−1.936)
Ceo_Age		−0.001 (−0.055)	−0.004 (−0.247)		0.000 (0.052)	0.000 (0.070)
Gender		0.012 (1.323)	0.011 (1.189)		0.003 (0.966)	0.003 (0.781)
Edu		0.000 (0.063)	0.000 (0.069)		0.001 (1.919)	0.001 * (1.989)
Gdp		−0.001 (−0.202)	−0.001 (−0.236)		−0.001 (−0.723)	−0.001 (−0.913)
Ind/Year	不控制	不控制	控制	不控制	不控制	控制
F	13.500	11.240	4.190	20.850	2.950	3.180
$Adj-R^2$	0.078	0.076	0.072	0.066	0.080	0.074
N	4680	4680	4680	4680	4680	4680

注： $*p<0.05$ ， $**p<0.01$ ， $***p<0.001$ ，括号中为 t 值。

表4.9   **2SLS 检验**

变量	第一阶段	变量	第二阶段	
	EDRM		INV1	INV2
常数项	−2.563 *** (−3.648)	常数项	0.268 (0.496)	−0.208 (−1.047)
Size	0.011 (0.743)	EDRM	0.012 ** (2.969)	0.004 *** (3.482)
Lev	0.119 (1.099)	Size	−0.034 *** (−8.305)	−0.001 (−0.746)
Growth	−0.459 (−0.507)	Lev	0.022 (1.037)	0.004 (0.519)

续表

变量	第一阶段	变量	第二阶段	
	EDRM		*INV1*	*INV2*
Roa	1.417 *** (3.835)	*Growth*	−0.061 (−0.839)	−0.025 (−0.913)
Cash	−0.023 (−1.679)	*Roa*	0.222 (1.120)	0.085 (1.059)
Age	0.497 ** (2.850)	*Cash*	−0.004 (−1.113)	−0.002 (−1.682)
Gender	−0.051 (−0.547)	*Age*	0.080 (1.159)	0.035 (1.335)
Edu	0.113 *** (8.131)	*Gender*	0.005 (0.422)	0.000 (0.105)
Gdp	−0.007 (−0.738)	*Edu*	0.018 (1.163)	0.008 (1.379)
		Gdp	−0.002 (−0.386)	−0.001 (−1.037)
		Lambda	0.188 * (2.420)	0.900 *** (5.823)
Ind/Year	控制	*Ind/Year*	控制	控制
LR chi2	139.80	*F*	4.050	2.310
pseudo R^2	0.082	R^2	0.080	0.074
N	4680	*N*	4680	4680

注：* $p < 0.05$，** $p < 0.01$，*** $p < 0.001$，括号中为 t 值。

4.4 本章小结

在深入推进混合所有制改革背景下，随着内外部治理机制逐步完善，国有企业内部的权力配置模式也会发生相应变化，从"行政主导型"模式向

"经济主导型"模式转变。在经济主导型的决策权配置方式下，决策主体具有更强的逐利性动机，更关注经营绩效与投资回报，为此将会强化决策质量提升，采取更加积极的投资行为。

　　本章对国有企业经济主导型决策权配置方式与投资决策经济后果之间的关系进行了理论分析，在此基础上，采用沪深 A 股上市公司为样本进行检验发现，经济主导型决策权配置方式与创新投资和投资效率均呈现显著的正相关关系，且这一关系在市场化环境较好的地区、中央国有企业中和商业类企业中更显著。

国有企业混合所有制改革、决策权配置
与投资决策

本章是在前面两章相关内容的基础上，进一步分析国有企业混合所有制改革、决策权配置方式和企业投资决策之间的关系。在此基础上，实证检验国有企业决策权配置方式是否在混合所有制改革与企业投资决策行为之间发挥了中介作用？从而为本书的科学问题所分解的，关于"国有企业混合所有制改革与决策权配置方式，两者在影响国有企业投资决策方面的相互关系是什么"的问题提供解答和经验证据。

5.1　国有企业混合所有制改革与投资
　　　决策：决策权配置的中介效应

在前面的内容中，本书验证了混合股权制衡

度会影响企业的决策权配置方式，而不同的决策权配置方式又会影响企业的投资决策（投资效率、创新投入）。这两个假设在一定程度上隐含着决策权配置方式是混合股权制衡度和投资决策的中间转化机制。权力是决策主体实现"意愿"、引导企业战略行为的重要机制（周杰和薛鸿博，2013），正是企业决策权配置方式的不同，导致了混合所有制改革后的国有企业在投资决策上的差异。而究竟会产生何种决策权配置方式，则取决于国有资本与非国有资本两方基于股权制衡的博弈。

依据上述逻辑，国有企业混合所有制改革过程中形成的差异性的股权制衡会影响其决策权配置方式，而决策权配置方式又会影响企业的投资决策。事实上，现有研究分别肯定了混合股权制衡度对决策权配置情况的影响以及决策权配置情况对企业投资决策的影响。但是却极少把这三部分内容联合起来，探究决策权配置方式在混合股权制衡度对企业投资决策的影响中所发挥的中间作用。通过对现有文献的观点进行梳理，本书得到了如下启示。

国有企业通过混合所有制改革，引入非国有资本，在一定程度上提升了混合股权制衡度，而股权制衡所带来的优势表现在：（1）股权的分散使得企业的控制权由多方共同掌控，在这种情形下减少了股东通过出售以满足融资需求情况发生的概率，进一步地，控制集团能够更好地实现企业价值的内部化，这也降低了股东为了获取更多的个人利益而忽略企业投资效率从而进行战略决策的动机；（2）控制权之间的相互制衡可以防止控股股东为了获取更多的个人利益而进行战略决策的动机；（3）与一股独大的企业相比，股权制衡为企业带来了最佳的监督水平，不同股东之间需要经过博弈行为才能确定最终的管理层人选，而在后续的企业经营过程中，各权力制衡方之间会具有更大的积极性去监督管理层的行为，有效抑制第一类委托代理问题的发生，这些都会有利于改善企业的投资决策。

同时，非国有资本强烈的逐利性动机使其渴望借助国有企业的政治资源

（马连福，2015），以此来突破民营企业在竞争市场上可能会遭受的制度约束并获得高额的收益，因此，其更偏好那些高回报但风险性偏大的投资活动。非国有资本为了实现自己的经营目标，转变企业的决策权配置方式，提高自己在国有企业中的决策权就成为非国有企业实现自身盈利动机的重要手段之一。

随着股权制衡度的提升，非国有资本更有实力与国有资本进行谈判（刘运国等，2016），对企业内部人事任命、提名等行政决策的自主权也就更大，因此通过向企业决策层派遣自己的利益代表，使得企业内部形成两方共同参与公司决策的情况，这将促使国有企业行政型决策权配置方式向经济型决策权配置方式转变。

而由国有资本与非国有资本通过博弈形成的两种决策权配置方式使得企业内部在领导权结构与职能结构上存在诸多差异，这种差异化的构成方式也使得他们的投资决策行为不尽相同。相较于行政型决策权配置的企业，当企业为经济型决策权配置方式时，更少的行政干预、更高的决策自主性、董事会较强的逐利性和更广泛的决策参与性，有利于促使企业内部形成自主性更好、监督机制更有效、专业性更强的决策过程，提升其投资决策质量，进而有助于提高投资效率与促进创新投入提升。

综上所述，我们可以得到这样的逻辑线索：混合股权制衡度的提升将会促使企业更有可能构建经济主导型的决策权配置方式，而经济主导型的决策权配置方式又会影响企业投资决策的经济后果。因此，混合股权制衡度对于投资决策的影响，部分地可以视作通过影响决策权配置方式来实现。基于此，我们提出如下研究假设。

假设 6：经济主导型决策权配置方式在混合股权制衡度与投资决策之间发挥中介作用。

5.2 研究设计

5.2.1 样本与数据来源

本章选取 2013～2018 年沪深 A 股国有上市公司为样本。我们对数据进行了如下处理：（1）剔除 ST 类、金融类上市公司；（2）剔除异常值；（3）剔除数据严重缺失的上市公司样本；（4）剔除统计当年新上市的企业；（5）剔除统计当年退市的企业。对主要连续变量在 1% 的水平上进行 Winsorize 处理，最终得到样本公司 1016 家，共计 4680 个观测值。

5.2.2 变量界定

5.2.2.1 被解释变量

投资决策。分别用投资效率、投资规模、投资风险来测量企业的投资决策。我们借鉴理查森（Richardson，2006）的方法，使用模型（5−1）来估计投资效率。

$$Invest_t = \alpha_0 + \alpha_1 Growth_{t-1} + \alpha_2 Lev_{t-1} + \alpha_3 Cash_{t-1} + \alpha_4 Age_{t-1}$$
$$+ \alpha_5 Size_{t-1} + \alpha_6 Returns_{t-1} + \alpha_7 Invest_{t-1} + \varepsilon \quad (5-1)$$

其中，$Invest$ 为新增投资，$Invest$ =（资本支出 + 并购支出 − 出售长期资产收入 − 折旧)/总资产。资本支出为现金流量表（直接法）中的"购建固定资产、无形资产及其他长期资产的支出"项目；并购支出为现金流量表（直接法）中的"取得子公司及其他营业单位支付的现金净额"项目；出售长期资产收入为现金流量表（直接法）中的"处置固定资产、无形资产和其他长期资产收回的现金净额"项目；折旧为现金流量表（间接法）中的"当期折旧费用"；我们用模型（4-1）中的残差来估计企业的非效率投资情况，如果残差大于零，则表示企业存在过度投资的情况。另外，我们用企业资本支出和并购支出之和与总资产的比值来测量投资规模，用企业研发投入与总资产的比值来测量创新投资水平。考虑到投资决策经济后果的滞后性，我们将因变量作滞后一期处理。

5.2.2.2 中介变量

决策权配置方式（EDRM）。如前文所述，我们构建了决策权配置方式的测量指标体系。经济主导型决策权配置方式包含四个维度，其中，行政介入型包括 5 个基础指标，董事会经济性、总经理管理自主性、决策参与性分别包括 3 个基础指标（见表 5.1）。

表 5.1 经济主导型决策权配置方式测量指标

变量	维度	观测指标	具体测量
权力配置	行政介入性（反向指标）	董事会中行政官员比例	董事会成员中属于政府委派或在其他单位担任行政职务的董事比例，作反向处理
		监事会中行政官员比例	监事会成员中属于政府委派或在其他单位担任行政职务的董事比例，作反向处理
		高管层中行政官员比例	高管层成员中属于政府委派或在其他单位担任行政职务的董事比例，作反向处理
		党委书记是否为董事长	是取 1，否则取 0，作反向处理
		董事长或总经理是否为政府官员	是取 1，否则取 0，作反向处理
	董事会经济性	董事持股比例	所有董事的持股比例之和
		独立董事比例	独立董事数量/董事会规模
		经济型董事比例	具有经济、管理、金融等专业背景的董事比例

续表

变量	维度	观测指标	具体测量
权力配置	总经理管理自主性	总经理是否兼任董事长	是取1，否则取0
		总经理任期	担任总经理的自然任期
		地区高管自主权情况	以张三保和曹锐（2019）城市营商环境指数为基础，作反向处理
	决策参与性	高管团队规模	董事会、监事会、高管层成员总数
		董事会会议次数	一年中的董事会会议次数
		专业委员会设置数量	董事会下设的各专业委员会数量

我们借鉴钞小静和任保平（2011）的做法，用主成分分析法提取一个公因子的方式来对各项指标进行合成，并以该公因子来衡量决策权配置。但由于观测指标属性与量纲的差异，使其难以进行直接合成，需要进行相应处理。首先，对所有逆指标均采取"极大值－原始值"的形式使所有指标对权力配置的作用力趋同化。其次，选择均值化方法对原始指标进行无量纲化处理。在进行主成分分析时，我们使用协方差矩阵，以缓解不同指标相对离散程度估计的误差。最后，采用所提取的一个公因子的分值进行测量，以中位数作为区分标准，得分在中位数之上则表示为经济主导型决策权配置方式，得分在中位数之下则为非经济主导型（行政主导型）决策权配置方式。

考虑到股权结构变化传导的滞后性，我们将因变量作滞后一期处理。

5.2.2.3 解释变量

混合股权制衡度，具体测量方法为非国有股东持股比例之和减去国有股东持股比例的差。

5.2.2.4 控制变量

参考陈德球等（2013）的研究，本章研究的控制变量包括：企业规模、资产负债率、企业成长性、盈利能力、现金流量、总经理性别、总经理年龄、总经理受教育程度、地区 GDP 状况，此外我们还控制了行业和年度效应。具体的变量定义及变量测量方法如表 5.2 所示。

表 5.2　变量定义

变量名称		变量符号	变量定义
投资决策	创新投资	INV1	用企业研发投入/总资产来衡量
	投资效率	INV2	具体定义见上文
决策权配置		EDRM	具体定义见上文
混合股权制衡度		EBD	具体定义见上文
企业规模		Size	企业当年期末资产余额的自然对数
资产负债率		Lev	总负债/总资产
企业成长性		Growth	(当年营业收入 – 上一年营业收入)/上一年营业收入
盈利能力		ROA	用总资产净利润率来衡量
现金流量		Cash	经营活动产生的现金流量净额/总资产
企业家年龄		CEO_Age	企业家实际年龄的自然对数
企业家性别		Gender	若企业家性别为男性，取值为 1，否则为 0
企业家受教育程度		Edu	依照企业家受教育程度，本科以下/本科/硕士/博士，依次取值 0/1/2/3
地区 GDP		Gdp	地区人均 GDP，单位为万元
行业虚拟变量		Industry	行业虚拟变量
年度虚拟变量		Year	年度虚拟变量

5.3　实证检验结果与分析

5.3.1　描述性统计

表 5.3 给出了样本公司主要变量的描述性统计结果。创新投资（*INV*1）的最小值为 0、最大值为 0.670、平均值为 0.085、标准差为 0.116；企业投

资效率（INV2）的最小值为 −0.102、最大值为 0.165、平均值为 0.002、标准差为 0.022，表明样本企业在创新投资和投资效率之间差异性较大。决策权配置方式（EDRM）的最小值为 0、最大值为 1、平均值为 0.505、标准差为 0.500，这表明样本企业在决策权配置方式选择方面存在较大差异，选择经济主导型决策权配置方式的样本公司比例为 50%。混合股权制衡度（EBD）的最小值为 −0.947、最大值为 0.993、平均值为 −0.339、标准差为 0.295，反映出样本企业在股权制衡度方面的变异性比较大。其余变量的描述性统计结果如表 5.3 所示。

表5.3 描述性统计

变量	均值	标准差	最小值	下四分位数	中位数	上四分位数	最大值
INV1	0.085	0.116	0.000	0.007	0.024	0.192	0.670
INV2	0.002	0.022	−0.102	−0.009	0.001	0.012	0.165
EDRM	0.505	0.500	0.000	0.000	1.000	1.000	1.000
EBD	−0.339	0.295	−0.947	−0.531	−0.393	−0.224	0.993
Market	0.501	0.500	0.000	0.000	1.000	1.000	1.000
Center	0.326	0.469	0.000	0.000	0.000	1.000	1.000
Business	0.751	0.432	0.000	1.000	1.000	1.000	1.000
Size	22.730	1.424	18.390	21.760	22.570	23.580	28.510
Lev	0.505	0.208	0.003	0.344	0.512	0.666	0.999
Growth	0.001	0.021	−0.003	0.000	0.000	0.000	1.000
Roa	0.027	0.058	−0.699	0.008	0.026	0.050	0.445
Cash	−0.832	1.407	−8.563	−1.619	−0.439	0.000	10.990
Age	3.914	0.109	3.332	3.850	3.932	3.989	4.331
Gender	0.958	0.200	0.000	1.000	1.000	1.000	1.000
Edu	1.900	1.368	0.000	0.000	3.000	3.000	3.000
Gdp	4.139	2.040	1.312	2.628	4.003	5.171	9.317

表5.4 为各变量之间的相关系数。从表 5.4 中可以看出，经济主导型决策权配置与投资决策之间存在正相关关系，初步验证了本书的假设 1，具体

还需要进一步的回归检验。其他变量之间的相关系数均小于0.4，这表明不存在多重共线性，可以作进一步的回归处理。

表 5.4 相关系数

变量	INV1	INV2	EDRM	EBD	Size
INV1	1.000				
INV2	0.236***	1.000			
EDRM	0.012	0.078***	1.000		
EBD	0.079***	0.165***	0.138***	1.000	
Market	0.026*	0.053***	−0.020	0.007	
Center	0.023	0.108***	−0.052***	−0.028*	
Business	−0.193***	0.040***	0.010	0.128***	
Size	−0.103***	−0.022	0.021	−0.136***	1.000
Lev	0.007	0.006	−0.007	−0.024*	0.337***
Growth	0.057***	0.001	−0.012	0.001	−0.016
Roa	0.015	−0.018	0.063***	−0.002	0.030**
Cash	0.070***	0.001	−0.029*	−0.001	−0.021
Age	−0.037**	0.007	0.059***	−0.061***	0.159***
Gender	−0.012	0.020	−0.007	−0.025*	0.021
Edu	−0.018	0.011	0.125***	0.102***	0.014
Gdp	−0.042***	−0.005	0.006	−0.033**	0.091***

变量	Lev	Growth	Roa	Cash	Age	Gender	Edu
Lev	1.000						
Growth	0.024*	1.000					
Roa	−0.311***	−0.010	1.000				
Cash	0.069***	0.237***	−0.031**	1.000			
Age	−0.018	−0.029**	0.058***	−0.064***	1.000		
Gender	0.009	0.007	0.011	−0.009	0.063***	1.000	
Edu	−0.049***	0.010	0.026*	−0.015	0.090***	−0.012	1.000
Gdp	−0.007	−0.018	0.018	0.012	0.028*	−0.008	0.148***

5.3.2 实证检验结果

表5.5是对决策权配置方式中介效应的检验结果，从检验结果来看，混合股权制衡度（*EBD*）与企业创新投资（*INV*1）和投资效率（*INV*2）均显著正相关；混合股权制衡度（*EBD*）与经济主导性决策权配置方式（*EDRM*）显著正相关；在引入经济主导型决策权配置方式（*EDRM*）变量后，混合股权制衡度（*EBD*）与企业创新投资（*INV*1）和投资效率（*INV*2）的估值系数显著变小，表明经济主导型决策权配置方式（*EDRM*）在中间发挥了中介效应，假设6得到验证。

表5.5 中介效应的检验结果

变量	(1)	(2)	(3)	(4)	(5)
	*INV*1	*INV*2	*EDRM*	*INV*1	*INV*2
常数项	0.007 (1.290)	− 0.008 (− 0.660)	− 0.568 * (− 2.100)	0.353 *** (6.076)	− 0.006 (− 0.527)
EBD	0.154 *** (6.100)	0.018 *** (11.130)	0.225 *** (9.090)	0.007 * (2.368)	0.012 *** (10.491)
EDRM				2.002 * (2.697)	0.003 *** (4.248)
Size	− 0.010 *** (− 7.810)	0.000 (− 0.360)	0.008 (1.370)	− 0.010 *** (− 7.795)	− 0.000 (− 0.447)
Lev	0.035 *** (3.990)	0.000 (0.250)	0.029 (0.710)	0.035 *** (4.001)	0.000 (0.205)
Growth	0.227 ** (3.070)	0.000 (− 0.030)	− 0.151 (− 0.440)	0.226 ** (3.062)	− 0.000 (− 0.005)
Roa	0.088 ** (3.080)	− 0.005 (− 0.890)	0.520 *** (3.910)	0.089 ** (3.117)	− 0.007 (− 1.132)
Cash	0.004 *** (3.850)	0.000 (0.380)	− 0.007 (− 1.390)	0.004 *** (3.838)	0.000 (0.464)

续表

变量	(1)	(2)	(3)	(4)	(5)
	*INV*1	*INV*2	*EDRM*	*INV*1	*INV*2
Age	−0.012 (−0.830)	0.003 (1.170)	0.226 *** (3.350)	−0.012 (−0.799)	0.003 (0.959)
Gender	−0.006 (−0.840)	0.003 (1.710)	−0.019 (−0.510)	−0.007 (−0.846)	0.003 (1.747)
Edu	−0.001 (−1.150)	0.000 (−0.520)	0.039 *** (7.260)	−0.001 (−1.068)	−0.000 (−0.970)
Gdp	−0.002 * (−2.060)	0.000 (0.250)	−0.002 (−0.670)	−0.002 * (−2.071)	0.000 (0.295)
Ind/Year	控制	控制	控制	控制	控制
F	12.430	13.140	19.080	11.340	13.630
Adj − R^2	0.083	0.085	0.089	0.084	0.089
N	4680	4680	4680	4680	4680

注：$*p < 0.05$，$**p < 0.01$，$***p < 0.001$，括号中为 t 值。

5.4 本章小结

混合股权制衡度的提升将会促使企业更有可能构建经济主导型的决策权配置方式，而经济主导型的决策权配置方式又会影响企业投资决策的经济后果。因此，混合股权制衡度对于投资决策的影响，部分地可以视作通过影响决策权配置方式来实现。

国有企业混合所有制改革会影响其对于决策权配置方式的选择，而决策权配置方式作为一种重要的治理机制，直接关系到企业投资偏好的有效落实，并最终会影响企业的投资决策行为。因而，国有企业混合所有制改革对于企业投资决策行为的影响，部分地可以视作通过影响企业的控制权配置方式来实现。

　　检验结果显示，混合股权制衡度的提升将会促使企业更有可能构建经济主导型的决策权配置方式，而经济主导型决策权配置方式与创新投资和投资效率均呈现显著正相关关系。因此，经济主导型配置方式在混合股权制衡度与国有企业投资决策关系中发挥了中介效应。

| 第6章 |

研究结论与建议

本章旨在对本书研究结果进行综合性总结。首先，概括和总结本书理论分析和实证检验的主要结论。其次，归纳研究所获得的启示，并提出相应的对策建议。最后，根据本书的具体研究情况，指出研究的局限性及未来可能获得突破的方向。

6.1 研 究 结 论

本书根据所提炼的科学问题"混合所有制改革会如何影响企业决策权配置方式，进而影响企业投资决策的经济后果"，围绕公司治理的核心焦点——权力制衡基础上的决策科学性（李维安，2011），运用公司治理和战略管理领域的主流经典理论，针对我国国有企业领导管理体制的特殊性和异质性，探索在当前混合所有制改革背景下，国有企业会如何优化决策权配置方式进行科学投资决策的内在逻辑。以此还原、解构和丰富中国国有企业投资决策的动态实践，为国有企业价值创造和竞争力提升奠定坚实的认知基础，同时，也为全球公司治理与投资决策研究增加中国情境下的参照物。

本书依据现有研究文献，通过访谈、问卷调查等方式，对混合所有制改革背景下的国有企业决策权配置与投资决策关系进行了深入分析。明确了国有企业决策权配置的评价与测度，分析和检验了国有企业混合股权制衡对决策权配置方式的影响，以及决策权配置方式对企业投资决策的影响，在此基础上，对混合所有制改革背景下的国有企业决策权配置典型案例进行了总结，并提出了优化决策权配置、提升投资效率的相关政策建议。主要的研究结果和结论如下所述。

6.1.1 国有企业混合所有制改革与决策权配置

混合所有制改革意味着国有企业的权力分布将在多重力量的博弈中进行，这不仅意味着理性自利的行为主体，会根据自身利益采取效用最大化的行为，也意味着特定形式的决策权配置所具有的原则或规范意义将会变形。

本书对混合股权制衡度与决策权配置方式之间的关系进行了理论分析，在此基础上，采用沪深 A 股上市公司为样本进行检验发现：一是国有企业决策权配置方式可以分为行政主导型和经济主导型两种类型，经济主导型决策权配置方式包含四个测量维度：行政介入性、董事会经济性、总经理自主权、决策参与性。二是混合股权制衡度的提升会促使企业更有可能构建经济主导型决策权配置方式；"国有＋外资"混合股权结构与经济主导型决策权配置方式正相关；"国有＋民营"混合股权结构与经济主导型决策权配置方式正相关；"国有＋外资＋民营"混合股权结构与经济主导型决策权配置方式正相关，其中，"国有＋民营＋外资"的混合股权结构的影响效应最大。三是进一步考虑企业行政隶属级别和类型的影响发现，混合股权制衡度（EBD）与经济主导型决策权配置方式（EDRM）的影响，在中央国有企业和商业类国有企业中更显著。

6.1.2　国有企业决策权配置与投资决策

在深入推进混合所有制改革背景下，随着内外部治理机制逐步完善，国有企业内部的权力配置模式也会发生相应变化，从行政主导型模式向经济主导型模式转变。在经济主导型的决策权配置方式下，决策主体具有更强的逐利性动机，更关注经营绩效与投资回报，为此将会强化决策质量提升，采取更加积极的投资行为。

本书对国有企业经济主导型决策权配置方式与投资决策经济后果之间的关系进行了理论分析，在此基础上，采用沪深 A 股上市公司为样本进行检验发现，经济主导型决策权配置方式与创新投资和投资效率均呈现显著的正相关关系，且这一关系在市场化环境较好的地区、中央国有企业中和商业类企业中更显著。

6.1.3　国有企业混合所有制改革、决策权配置与投资决策

国有企业混合所有制改革会影响其对于决策权配置方式的选择，而决策权配置方式作为一种重要的治理机制，直接关系到企业投资偏好的有效落实，并最终会影响企业的投资决策行为。因而，国有企业混合所有制改革对于企业投资决策行为的影响，部分地可以视作通过影响企业的控制权配置方式来实现。

检验结果显示，混合股权制衡度的提升将会促使企业更有可能构建经济

主导型决策权配置方式，而经济主导型决策权配置方式与创新投资和投资效率均呈现显著正相关关系。因此，经济主导型配置方式在混合股权制衡度与国有企业投资决策关系中发挥了中介效应。

6.2　对　策　建　议

在中国国有企业改革历程中，有一条清晰的逻辑线索，就是在国有企业中建立现代企业制度，提升国有企业竞争力。这一逻辑线索本质上表现为通过强调公司治理尤其是法人治理结构建设，来提高国有资本配置效率。而公司治理的核心内涵，是在内外部治理机制共同作用下，实现决策权力制衡和决策科学化（李维安，2001）。也就是说，对国有企业而言，实现决策权力的优化配置和科学决策是提高国有资本配置效率的一项必要条件。而与国有资本配置效率问题最紧密相关的战略决策是投资决策。国有企业的投资决策问题也一直是学术界研究的热点问题。而当前中国宏观经济发展的下行压力，使得该问题的重要性再次凸显。因此，当前国有企业改革研究中的一个关键问题，就是国有企业在法人治理结构框架中如何优化决策权配置，进而提高投资决策质量及其经济后果。

关于决策权配置问题，主要是通过现代公司治理架构中所有权和控制权的分离演化而来的（李维安，2013）。而国有企业由于在股权结构上缺乏多元化主体和所有权虚置，使其决策机制实际上多为"一言堂"，从而在很大程度上影响了企业投资决策质量及其经济后果。2015年，国务院印发《关于国有企业发展混合所有制经济的意见》，明确指出要"鼓励各类资本参与国有企业混合所有制改革，建立健全混合所有制企业治理机制"。所有者为了捍卫自身利益及其治理目标的实现，会选择不同的方式介入企业控制权的争夺（Sujit Sur et al.，2013）。这在解决国有企业股权结构单一和所有权虚置问题的同时，实际上将会使其决策权配置问题，交织于现代企业制度所诉求的多元化治理主体为基础的公司治理机制中。而不同性质的所有者具有差异化的治理动机和目标，对企业决策权有不同的要求，这将直接诱致投资决策的约束主体多元化，进而改变其投资决策的经济后果。

本书通过实证研究发现，国有企业进行混合所有制改革，引入非国有资本，将提升股权混合制衡度。股权混合制衡度的提升将促使企业决策权配置的经济主导性提升，而经济主导型决策权配置方式有助于改善企业投资决策的经济后果。基于实证研究的结论和中国国有企业发展实际，本书的建议措施如下。

6.2.1 进一步完善政策体系，分类推进国有企业混合所有制改革

（1）积极推进国有企业混合所有制改革专项立法工作，强化依法推进国有企业混合所有制改革的法治化建设。在国有企业混合所有制改革过程中，要通过依法行政、依法治企来保障混合所有制改革过程的合法性，以及各交易主体的合法权益。为此，应根据国有企业分类改革的思想，针对细分领域（依据产业或依据企业经营性质）的国有企业混合所有制改革工作进行专项立法，以专门的法律促进依法治企的法治化建设质量提升，用法律手段保障混合所有制改革的合法合规性，减少国有企业混合所有制改革过程中的非法干预。即用翔实清晰的法律条文界定政府、市场和企业的边界，明确政府行政监管范围，做到"政企分开、政资分开"。同时，以法律的权威性保障混合所有制改革过程中各利益主体的合法性权益，确保同股同权，防止国有大股东的机会主义行为，推进混合所有制改革过程中的竞争中性，提升非国有资本参与混合所有制改革的信心和积极性，营造混合所有制改革的良性竞争氛围。

（2）进一步完善政策体系，明确责权利，优化国有资产管理监督机制建设。尽快在当前"1＋N"政策体系框架下，针对细分产业领域和国有企业分类情况制定进一步明细化、具体化、可操作性较强的政策措施，明确不同细分领域混合所有制改革过程中的各行为主体的责权利，以及参与混合所有制改革的领域、层次和路径的底线，优化完善国有资产管理监督机制。具体来说：一是国资委依据顶层制度设计，积极推进职能转变，从管资产向管资本转变。为此，要针对"如何管好国有资本"来细化资本监管制度，如细化对国有资本运营/投资公司的监管政策，减少对企业的微观介入，提升国有资本的管理效率。二是在当前"国资委＋运营/投资公司＋国有企业"的三级管理架构下，要进一步明晰国有资本运营公司、投资公司在不同细分领域国有企业中的职责范围以及如何履职的程序和途径，保障其投资行为的合理化、合规化和有效性。三是进一步强化党组织的纪检监察力量在三级管理架构中切实发挥有效监管职责，构建不同体系的监管机构及信息反馈平台，对国有企业混合所有制改革过程中的过度干预、资产评估和重大投资行为进行调查取证，强化约束机制建设。

（3）坚持国有企业分类改革，明晰细分产业领域的国有企业混合所有制改革范围和办法。在当前分类改革的主导思想下，进一步细化不同细分产业领域的国有企业进行混合所有制改革的范围和办法，结合行业和企业特点实行差异化改革方式。

一是对于承载特殊或专项任务的国有企业，应当在坚持"金股"或国家特殊管理办法的基础上进行市场化经营改革，如当前军工领域进行的军民融合战略便是如此。在保障国有资产安全的基础上，以市场化运作方式促进运营效率提升，可以在一定情况下增资扩股，扩大国有资本功能。

二是对涉及国家安全或国民经济命脉领域或行业的国有企业，以及公益类国有企业，应采用国有企业绝对控股形式。如航空、核工业、军工、能源、油气行业，应始终保持国有股的绝对控制权，但应建立适当的利益共享机制，可以考虑在业务和项目层面与非国有资本进行合作。

三是对于竞争性商业类国有企业，积极推进市场化、专业化经营，国有资本可以考虑参股或退出。当国资由控股变参股时，混合所有制改革企业应当选择与主业优势互补、产业关联度较高、成长性较强和融资能力强劲的优质战略者进行合作，这样可以撬动社会资本，放大国有资本功能。

6.2.2 转变思维，分类优化混合所有制改革后的企业决策权配置

（1）积极推进对混合所有制改革后的国有企业治理的思维转变。混合所有制改革过程中，"混"不是目的，"改"才是关键，这个"改"一方面是指治理结构的改变，另一方面是指治理思维的改变。在国有企业进行混合所有制改革，由行政型治理模式向经济型治理模式转变的过程中，国资监管部门要积极推进思维转变，由过去的管制思维向治理思维转变；企业本身要从过去的生产思维向互动、平台、服务思维转变，建立现代公司治理理念，由行政型权力配置思维模式向市场化权力配置模式转变。

（2）依据企业特性进行差异化决策权配置方式构建。根据国有企业分类改革思想和本书研究的实证检验结果，混合股权制衡度的提升会促使企业更有可能构建经济主导型决策权配置方式，而经济主导型决策权配置方式有助于促进企业创新投资和投资效率提升，但上述关系主要在商业类企业中更显著。因此，应当根据不同企业的特性和分类改革思想，进行差异化的决策权配置方式构建。

对于承载特殊任务或涉及国家安全及国民经济命脉领域或行业的国有企业，以及公益类国有企业，需要在一定程度和范围内通过行政型的决策权配置方式对企业进行有效制约，其原因在于：中国作为新兴经济体，正处于供给侧结构性改革和产业升级过程中，竞争环境复杂，而此类企业对国家经济

格局的影响比较大，在外部治理环境有待进一步成熟的情况下，行政型的决策权配置方式在上述国有企业中可以发挥弥补市场治理失灵的作用。因此，对于此类企业需要考虑将行政干预力量注入决策权配置中，并与市场力量形成耦合机制，有效推进企业治理改善。

对于处于竞争领域的商业类企业，应当积极强化经济型决策权配置方式建构。一是减少行政干预，具体可以考虑在董事会、监事会、高管层等重要决策主体中减少行政官员比例。积极推进职业经理人制度建设，落实董事会的选聘、考核权力，合理增加市场化选聘比例。

二是强化董事会经济性建设。首先，提高董事持股比例，允许非国有股东委托董事进入混合所有制改革企业董事会，并占据一定的董事会席位且持有相应股份，使国资不再具有绝对的话语权，决策权得到一定程度的制衡。其次，提高独立董事比例，减少董事会中董事成员由政府委派或兼任国有企业要职的人数。尤其是在董事会会议表决实行一人一票制，会议决策有一定比例的董事人数同意即生效的公司章程中，减少具有国资背景的董事人数将有助于独立董事权力的有效发挥。最后，提升经济型董事比例，经济型董事带来的管理经验和专业技术实力将有助于提升国有股董事完善治理机制的意愿，能有效纠正行政型董事在重大决策事项上因其绝对的决策权而出现决策偏差。

三是提高总经理管理自主权。混合所有制改革后各种非公有制经济主体逐渐增多，决策主体由单一化向多元化发展。混合所有制改革企业在市场经济中逐渐实现自主经营、自负盈亏，这就需要摆脱行政关系的束缚，赋予总经理更高的管理自主权，减少企业的经营活动向政府行政审批和报告的流程，从而有助于战略决策方向的清晰和战略决策速度的提升。

四是提高决策参与性。要持续加强"三会一层"建设，在涉及诸如兼收、合并、重组或重大投资等战略决策性问题上要适度扩大决策参与主体范围；要强化董事会会议建设，建立完善董事会会议运作、决策与问责机制，强化董事会战略参与，提升董事会会议的有效性；要强化董事会专业委员会建设，积极鼓励董事会增设相应专业的专业委员会，推进董事会专业能力建设，建构董事会专业委员会的设置和运作机制，切实发挥专业委员会在企业决策制定中的参谋作用。

6.2.3　分类完善混合所有制改革后的国有企业高管队伍建设

一是对于承载特殊任务或涉及国家安全及国民经济命脉领域或行业的国有企业，以及公益类国有企业，要坚持"党管干部""党管人才"的原则。首先，在"党管干部""党管人才"大原则之下，要充分发挥企业党组织在日常经营管理中对企业员工队伍的思想领导作用，尤其是要强化企业干部的政治基因，要积极引导企业把政治建设摆在首位，完善干部管理体系，建设忠诚有担当、高素质专业化的干部队伍，这在某种程度上可以减少因人为因素导致的决策失误和消极腐败问题。其次，要把企业党组织融入公司治理的各环节中和内嵌到公司治理结构中，把"党管干部""党管人才"原则和市场机制相结合，保证党和国家的重大方针或部署在国有企业混合所有制改革中得到贯彻执行，并使混合所有制改革朝着正确方向顺利开展。

二是对于商业竞争类企业，如果国有企业在混合所有制改革后依然保持国有股控股地位，则要积极推进董事会职权改革和职业经理人制度建设，要畅通现有高管与职业经理人身份的转换通道，强化董事会在高管人员选聘、考核和薪酬制定方面的职权建设。对于国有企业混合所有制改革后国有股参股的企业，则要充分发挥市场在企业人力资源配置中的基础性作用，国有股积极推荐合适的高管候选人，企业自身也要完善职业经理人选聘机制、激励机制和约束机制，实行契约化管理和任期制度。

三是优化高管薪酬激励机制建设。推行差异化薪酬体系建设和中长期激励机制建设。根据企业类型和人员差异制定差异化的薪酬体系，尤其是对企业高层管理者、企业骨干技术人员、科研人员和部分核心员工实施差异化持股的激励,确保激励过程透明公开,防止暗箱操作和利益输送。同时,要分类推进中长期激励体系建设,具体来说,对于国有控股上市公司可以重点考虑股票期权、股票增值权和限制性股票等激励方式;国有控股混合所有制企业可以重点考虑推行员工持股计划;国有科技型企业可以重点考虑股权激励和分红激励两种方式。

6.2.4 优化内外部治理环境和投融资机制建设,促进投资决策质量提升

一是要规范政府行为,优化混合所有制企业的外部治理环境。积极推进政府治理体系与治理能力现代化建设,合理划分政府与企业边界,加快政企分离,减少政府部门对企业的过度干预。国有资产管理部门从管资产向管资本转变。在对国有资本综合管控的基础上,抓主要矛盾和矛盾的主要方面,简政放权、精简程序;抓大放小,抓企业投资成效而非投资过程,切实减少企业投资决策受政府干预较大的情况,避免为企业造成不必要的政策负担。同时,政府也要积极思考和探索国有企业发展新路径,推动混合所有制企业重大决策和重大项目投资由政府为主导向市场为主导转变,优化企业投融资决策的外部治理环境。

二是要强化公司内部治理建设,提升公司治理有效性。对于混合所有制改革后依然保持国有股控制的企业,要充分发挥中国特色现代企业制度优势,积极推进国有企业"老三会"与"新三会"的合理对接,优化治理结构中的政企关系、党企关系。完善"四会一层"的混合所有制企业法人治理结构建设,明晰和规范党组织在公司治理结构中的地位、职权内容和行权方式。对于混合所有制改革后国有股参股的企业,要积极推进经济主导型决策权配置方式构建,同时要强化董事会建设,促进董事会监督和决策职能的有效发挥。

要提升董事会独立性和专业性建设水平，提高董事会独立董事和外部董事比例，提高经济型董事比例，强化专业委员会建设，规范董事会会议机制，切实发挥董事会在现代法人治理结构中的核心机制作用，提高企业投资决策的科学性。

三是优化投融资决策机制建设。首先，对于混合所有制企业，依照政策规定，积极探索重大决策由党委会前置决策的有效实现路径，强化建设党委会和董事会决策的有效耦合机制。完善"双向进入、交叉任职"成员的"双评"体系建设。对于双重身份的高管成员既要以"干部评价"保障其决策的政治正确性，又要以"经济评价"引导其在投资决策过程中的经济导向思维。对投资项目建立终身追责制度。其次，强化监督问责机制建设。要完善内部监督体系，明确纪检、监事会、审计委员会等部门的职责，形成规范严密的监督体系，加强管控，明确国有资产的配置与使用，防止权力的滥用误用。同时，要加强外部监督，强化与有关专业监督机构的协作，加强事前和事中监督，对重大问题要狠抓落实，建立健全对国有资产的审计制度，形成完善的监督闭环，有效规避"内部人控制"现象，有助于督促国有企业在做投资决策时更理性和客观地分析投资风险。最后，强化投资专业化队伍建设。积极鼓励董事会进行专业委员会建设，尤其是战略委员会建设。同时，强化投融资专业人才队伍保障，培养和引入专业投资人才，以专业化的投资视角和能力针对不同投资行业的投资规模、主体、项目等投资方案为决策层提供参谋建议，从而提高投资决策的专业化水平。

6.3　研究不足与展望

虽然本书在国有企业决策权配置与投资决策的研究中，通过问卷调查、理论分析以及大样本实证检验取得了预期成果，但由于研究能力和条件限制，还存在一些有待改善的地方，主要表现在以下三个方面。

（1）鉴于数据的可获得性及研究时间限制，本书对混合所有制改革背景下国有企业决策权配置的评价测度研究，借鉴了一些具有普适性的研究成果，虽然研究指标的选择具有一定的代表性，但由于问卷调查的主观性，以及国有企业"董监高"相关简历信息的缺失，对某些数据的统计存在一定误差，研究结果仍然不能完全反映中国国有企业控制权配置模式的整体特征和个性化要求，有待于研究条件成熟时建立对决策权配置特征更加科学完整的测度模型与方法。

（2）由于条件限制，本书主要是根据二手数据的统计检验结果，就我国国有企业的决策权配置与投资决策问题，给出了一个在中国情境下公司治理的普适性解释。但这也使得研究结果缺乏个性化色彩，尤其是针对不同地区如贵州国有企业混合所有制改革的个性化建议措施较少，未来条件允许的情况下，可以考虑开展贵州国有企业混合所有制改革过程中相关问题的专项研究。

（3）本书根据研究结论和国有企业分类改革的客观实际，提出了一些政策性建议，但由于研究议题及能力所限，建议的适用性及可行性需要一定的时间加以验证。

参 考 文 献

［1］白俊，连立帅．国有企业过度投资溯因：政府干预抑或管理层自利？［J］．会计研究，2014（2）：41－48.

［2］曹春方．政治权力转移与公司投资：中国的逻辑［J］．管理世界，2013（1）：143－157.

［3］曹晶，杨斌，杨百寅．高管团队权力分布与企业绩效探究［J］．科学学与科学技术管理，2015（7）：135－145.

［4］陈仕华，卢昌崇．国有企业党组织的治理参与能够有效抑制并购中的"国有资产流失"吗？［J］．管理世界，2014（5）：106－120.

［5］程凤朝，李莉．国有控股银行党委领导与公司治理关系研究［J］．财贸经济，2012（11）：48－55.

［6］窦欢，张会丽，陆正飞．企业集团、大股东监督与过度投资［J］．管理世界，2014（7）：134－143.

［7］段云，王福胜，王正位．多个大股东存在下的董事会结构模型及其实证检验［J］．南开管理评论，2011，14（1）：54－64.

［8］郝云宏，汪茜．混合所有制企业股权制衡机制研究——基于"鄂武商控制权之争"的案例解析［J］．中国工业经济，2015（3）：148－160.

［9］侯泰杰．结构方程模型及其应用［M］．北京：教育科学出版社，2004.

［10］黄速建．中国国有企业混合所有制改革研究［J］．经济管理，2014（7）：1－10.

[11] 解维敏. 混合所有制与国有企业研发投入研究 [J]. 系统工程理论与实践, 2019, 39 (4): 1067 – 1078.

[12] 金宇超, 靳庆鲁, 宣扬. "不作为"或"急于表现": 企业投资中的政治动机 [J]. 经济研究, 2016 (10): 126 – 139.

[13] 雷海民, 梁巧转, 李家军. 公司政治治理影响企业的运营效率吗——基于中国上市公司的非参数检验 [J]. 中国工业经济, 2012 (9): 109 – 121.

[14] 李国勇, 蒋文定, 牛冬梅. CEO 特征与企业研发投入关系的实证研究 [J]. 统计与信息论坛, 2012, 27 (1): 77 – 83.

[15] 李建标, 王高阳, 李帅琦, 等. 混合所有制改革中国有和非国有资本的行为博弈——实验室实验的证据 [J]. 中国工业经济, 2016 (6): 109 – 126.

[16] 李健, 李晏墅. 制造业组织冗余、两职兼任与企业绩效——基于中国上市面板数据的实证研究 [J]. 工业技术经济, 2013, 32 (4): 83 – 89.

[17] 李万利, 徐细雄. 集体决策能够改善国有企业投资效率吗?——基于"三重一大"意见的准自然实验研究 [J]. 财贸研究, 2020, 31 (2): 80 – 96.

[18] 李维安. 公司治理 [M]. 天津: 南开大学出版社, 2001.

[19] 李文贵, 余明桂. 民营化企业的股权结构与企业创新 [J]. 管理世界, 2015 (4): 112 – 125.

[20] 李延喜, 曾伟强, 马壮, 等. 外部治理环境、产权性质与上市公司投资效率 [J]. 南开管理评论, 2015, 18 (1): 25 – 36.

[21] 连燕玲, 周兵, 贺小刚, 温丹玮. 经营期望、管理自主权与战略变革 [J]. 经济研究, 2015, 50 (8): 31 – 44.

[22] 林雁, 曹春方. 两权分离下的异地独立董事聘任 [J]. 管理评论, 2019, 31 (3): 211 – 226.

[23] 刘超, 徐丹丹, 郑忱阳. 国有企业双重目标与投资效率改进——基于

独立董事网络和国有企业混合所有制改革视角 [J]. 经济体制改革, 2020 (1): 111 – 118.

[24] 刘慧龙, 王成方, 吴联生. 决策权配置、盈余管理与投资效率 [J]. 经济研究, 2014 (8): 93 – 106.

[25] 刘青松, 肖星. 败也业绩, 成也业绩? ——国有企业高管变更的实证研究 [J]. 管理世界, 2015 (3): 151 – 163.

[26] 刘运国, 刘雯. 我国上市公司的高管任期与 R&D 支出 [J]. 管理世界, 2007 (1): 134 – 142.

[27] 刘运国, 郑巧, 蔡贵龙. 非国有股东提高了国有企业的内部控制质量吗? ——来自国有上市公司的经验证据! [J]. 会计研究, 2016 (11): 61 – 68, 96.

[28] 马晨, 张俊瑞, 李彬. 财务重述影响因素研究 [J]. 软科学, 2012, 26 (8): 126 – 130.

[29] 马连福, 杜博. 多元股东决策权配置: 行为逻辑与路径策略——基于万科集团的案例研究 [J]. 管理评论, 2019, 31 (10): 273 – 289.

[30] 马连福, 沈小秀, 王元芳. 中国国有企业党组织治理效应研究——基于 "内部人控制" 的视角 [J]. 中国工业经济, 2012 (8): 82 – 95.

[31] 马连福, 石晓飞. 董事会会议 "形" 与 "实" 的权衡——来自中国上市公司的证据 [J]. 中国工业经济, 2014 (1): 88 – 100.

[32] 马连福, 王丽丽, 张琦. 混合所有制的优序选择: 市场的逻辑 [J]. 中国工业经济, 2015 (7): 5 – 20.

[33] 马连福, 王元芳, 沈小秀. 国有企业党组织治理、冗余雇员与高管薪酬契约 [J]. 管理世界, 2013 (5): 100 – 115.

[34] 苗小玲, 田子方. 混合所有制企业健康发展的一个重大问题——基于党组织与法人治理结构的视角 [J]. 毛泽东邓小平理论研究, 2015 (8): 13 – 17.

[35] 宁家耀，王蕾. 中国上市公司董事会行为与公司绩效关系实证研究 [J]. 管理科学，2008 (2): 9 - 17.

[36] 潘怡麟，朱凯，陈信元. 决策权配置与公司价值——基于企业集团的经验证据 [J]. 管理世界，2018, 34 (12): 111 - 119.

[37] 祁怀锦，李晖，刘艳霞. 政府治理、国有企业混合所有制改革与资本配置效率 [J]. 改革，2019 (7): 40 - 51.

[38] 钱学洪. 董事财务背景与企业研发投资 [J]. 东岳论丛，2016, 37 (12): 152 - 159.

[39] 邱兆祥，史明坤. 独立董事个人特征与任期内公司经营绩效 [J]. 财贸经济，2012 (11): 56 - 62.

[40] 曲亮，谢在阳，郝云宏，等. 国有企业董事会权力配置模式研究——基于二元权力耦合演进的视角 [J]. 中国工业经济，2016 (8): 127 - 144.

[41] 任广乾，冯瑞瑞，田野. 混合所有制、非效率投资抑制与国有企业价值 [J]. 中国软科学，2020 (4): 174 - 183.

[42] 沈昊，杨梅英. 国有企业混合所有制改革模式和公司治理——基于招商局集团的案例分析 [J]. 管理世界，2019, 35 (4): 171 - 182.

[43] 沈红波，张金清，张广婷. 国有企业混合所有制改革中的控制权安排——基于云南白药混合所有制改革的案例研究 [J]. 管理世界，2019, 35 (10): 206 - 217.

[44] 盛毅. 新一轮国有企业混合所有制改革的内涵与特定任务 [J]. 改革，2020 (2): 125 - 137.

[45] 宋铁波，翁艺敏，钟熙，等. 高管团队特征视角下的 CEO 任期与企业研发投入——基于中小板上市公司的实证分析 [J]. 科技管理研究，2020, 40 (2): 171 - 180.

[46] 覃家琦. 战略委员会与上市公司过度投资行为 [J]. 金融研究，2010 (6): 124 - 142.

［47］万迪昉，罗小黔，杨再惠，等．不同决策权配置对组织行为模式演进影响的实验研究［J］．管理世界，2008（11）：182-183.

［48］汪平，邹颖，兰京．异质股东的资本成本差异研究——兼论混合所有制改革的财务基础［J］．中国工业经济，2015（9）：129-144.

［49］王凤彬，江鸿，王璁．国有企业集团管控架构的演进：战略决定、制度引致还是路径依赖？——一项定性比较分析（QCA）尝试［J］．管理世界，2014（12）：92-114.

［50］王京，罗福凯．混合所有制、决策权配置与企业技术创新［J］．研究与发展管理，2017，29（2）：29-38.

［51］王菁，孙元欣．资本市场的绩效压力与企业投资不足——股权制衡和两职兼任的调节作用［J］．山西财经大学学报，2014，36（4）：69-80.

［52］王元芳，马连福．国有企业党组织能降低代理成本吗？——基于"内部人控制"的视角［J］．管理评论，2014，26（10）：138-151.

［53］王甄，胡军．控制权转让、产权性质与公司绩效［J］．经济研究，2016（4）：146-160.

［54］卫旭华，刘咏梅，岳柳青．高管团队权力不平等对企业创新强度的影响——有调节的中介效应［J］．南开管理评论，2015，18（3）：24-33.

［55］温忠麟，叶宝娟．有调节的中介模型检验方法：竞争还是替补［J］．心理学报，2014b，46（5）：714-726.

［56］温忠麟，叶宝娟．中介效应分析：方法和模型发展［J］．心理科学进展，2014a，22（5）：731-745.

［57］文芳．董事长特征、债务约束与企业R&D投资——基于广东战略性新兴企业的研究［J］．证券市场导报，2015（9）：21-26.

［58］向东，余玉苗．国有企业引入非国有资本对投资效率的影响［J］．经济管理，2020，42（1）：25-41.

［59］向锐．财务独立董事的公司绩效研究［J］．证券市场导报，2008（8）：

59 – 64，72.

[60] 谢永珍．中国上市公司审计委员会治理效率的实证研究 [J]．南开管理评论，2006（1）：66 – 73，83.

[61] 徐光伟，殷浩洲，刘星．混合所有制改革中股权结构多元化对企业投资结构的影响研究 [J]．经济体制改革，2019（4）：93 – 100.

[62] 徐志武．我国出版上市公司董事会结构与经济绩效关系研究 [J]．湘潭大学学报（哲学社会科学版），2019，43（3）：177 – 181.

[63] 杨继伟．制度环境、治理结构与投资效率 [J]．山西财经大学学报，2016，38（8）：77 – 89.

[64] 杨阳，王凤彬，戴鹏杰．集团化企业制度同构性与决策权配置关系研究 [J]．中国工业经济，2016（1）：114 – 129.

[65] 杨忠莲，杨振慧．独立董事与审计委员会执行效果研究——来自报表重述的证据 [J]．审计研究，2006（2）：81 – 85.

[66] 叶陈刚，王海菲．公司内部治理机制研究述评与启示 [J]．审计与经济研究，2011，26（1）：90 – 97，112.

[67] 叶康涛，祝继高，陆正飞，等．独立董事的独立性：基于董事会投票的证据 [J]．经济研究，2011，46（1）：126 – 139.

[68] 于东智，池国华．董事会规模、稳定性与公司绩效：理论与经验分析 [J]．经济研究，2004（4）：70 – 79.

[69] 于东智．董事会、公司治理与绩效——对中国上市公司的经验分析 [J]．中国社会科学，2003（3）：29 – 41，205 – 206.

[70] 余晨阳，何流．董监高网络如何改变企业的创新行为？——兼论董监高在企业创新行为中的侧重差异 [J]．经济学报，2019，6（1）：146 – 186.

[71] 余明桂，李文贵，潘红波．民营化、产权保护与企业风险承担 [J]．经济研究，2013（9）：112 – 124.

[72] 张继德，刘素含．从中国联通混合所有制改革看战略投资者的选择 [J]．

会计研究，2018（7）：28 –34.

[73] 张建君，张闫龙. 董事长—总经理的异质性、权力差距和融洽关系与组织绩效——来自上市公司的证据 [J]. 管理世界，2016（1）：110 –120.

[74] 张三保，张志学. 区域制度差异，CEO 管理自主权与企业风险承担——中国 30 省高技术产业的证据 [J]. 管理世界，2012（4）：101 –114，188.

[75] 张兆国，刘亚伟，亓小林. 管理者背景特征、晋升激励与过度投资研究 [J]. 南开管理评论，2013，16（4）：32 –42.

[76] 郑志刚，刘兰欣. 所有者缺位与国企混合所有制改革的突破方向 [J]. 经济管理，2022，44（2）：5 –16.

[77] 郑志刚，吕秀华. 董事会独立性的交互效应和中国资本市场独立董事制度政策效果的评估 [J]. 管理世界，2009（7）：133 –144，188.

[78] 周杰，薛鸿博. 董事会权力配置、企业战略转型与模式偏好——政治行为还是合作行为 [J]. 山西财经大学学报，2013，35（2）：95 –106.

[79] 周杰，薛有志，王世龙. 总经理任期、产业竞争与国际化战略 [J]. 经济问题探索，2009（2）：80 –86.

[80] 周瑜胜，宋光辉. 公司控制权配置、行业竞争与研发投资强度 [J]. 科研管理，2016，37（12）：122 –131.

[81] 朱磊，孙成，王春燕，等. 大股东股权质押对企业创新投资的影响分析——基于创业板上市公司的经验证据 [J]. 证券市场导报，2019（2）：26 –34.

[82] Abdullah S N, Ismail K, Izah K N, et al. Does having women on boards create value? The impact of societal perceptions and corporate governance in emerging markets [J]. Strategic Management Journal, 2014, 37（3）: 466 –476.

[83] Aggarwal R, Saffi P A C, Sturgess J. The role of institutional investors in voting: Evidence from the securities lending market [J]. The Journal of

Finance, 2015, 70 (5): 2309 – 2346.

[84] Aggarwal V A, Siggelkow N, Singh H. Governing collaborative activity: Interdependence and the impact of coordination and exploration [J]. Strategic Management Journal, 2011, 32 (7): 705 – 730.

[85] Andrei Shleifer, Robert Vishny. Management entrenchment: The case of manager-specific investments [J]. Journal of Financial Economics, 1989, 25 (1): 123 – 139.

[86] Anne Smith, Susan M Houghton, Jacqueline N Hood, et al. Power relationships among top managers: Does top management team power distribution matter for organizational performance? [J]. Journal of Business Research, 2006, 59 (5): 622 – 629.

[87] Atanassov J. Do hostile takeovers stifle innovation? Evidence from antitakeover legislation and corporate patenting [J]. The Journal of Finance, 2013, 68 (3): 1097 – 1131.

[88] Baker M, Gompers P A. The determinants of board structure at the initial public offering [J]. Journal of Law & Economics, 2003, 46 (2): 569 – 598.

[89] Ballinger G A, Marcel J J. The use of an interim CEO during succession episodes and firm performance [J]. Strategic Management Journal, 2010: 262 – 283.

[90] Barkema H, Chen X P, George G, et al. West meets East: New concepts and theories [J]. Academy of Management Journal, 2015, 58 (2): 460 – 479.

[91] Bednar M K. Watchdog or lapdog? A behavioral view of the media as a corporate governance mechanism [J]. Academy of Management Journal, 2012, 55 (1): 131 – 150.

[92] Bell R G, Filatotchev I, Aguilera R V. Corporate governance and investors' perceptions of foreign IPO value: An institutional perspective [J]. Acade-

my of Management Journal, 2014, 57 (1): 301 –320.

[93] Bergman N K, Nicolaievsky D. Investor protection and the Coasian view [J]. Journal of Financial Economics, 2007, 84 (3): 738 –771.

[94] Bernile G, Bhagwat V, Rau P R. What doesn't kill you will only make you more risk-loving: Early-life disasters and CEO behavior [J]. The Journal of Finance, 2016, 72 (1): 167 –206.

[95] Bhargava Sheela, Ameya Kelkar. Examining the relationship between organisational structure, job involvement, job satisfaction, and empowerment: Implications for human resource development [J]. International Journal of Human Resources Development and Management, 2001 (1): 150 –161.

[96] Boateng A, Huang W. Multiple large shareholders, excess leverage and tunneling: Evidence from an emerging market [J]. Corporate Governance: An International Review, 2017 (25): 58 –74.

[97] Boivie S, Lange D, McDonald M L, et al. Me or we: The effects of CEO organizational identification on agency costs [J]. Academy of Management Journal, 2011, 54 (3): 551 –576.

[98] Boubakri N, Cosset J C, Saffar W. The role of state and foreign owners in corporate risk-taking: Evidence from privatization [J]. Journal of Financial Economics, 2013, 108 (3): 641 –658.

[99] Boycko, Maxim, et al. A Theory of Privatisation [J]. The Economic Journal, 1996 (106): 309 –319.

[100] Brown J A, Gianiodis P T, Santoro M D. Following doctors' orders: Organizational change as a response to human capital bargaining power [J]. Organization Science, 2015, 26 (5): 1284 –1300.

[101] Busse J A, Goyal A, Wahal S. Performance and persistence in institutional investment management [J]. The Journal of Finance, 2010, 65 (2):

765 – 790.

[102] Byounggu Choi, Heeseok Lee. An empirical investigation of KM styles and their effect on corporate performance [J]. Information & Management, 2003, 40 (5): 403 – 417.

[103] Campbell J T, Campbell T C, Sirmon D G, et al. Shareholder influence over director nomination via proxy access: Implications for agency conflict and stakeholder value [J]. Strategic Management Journal, 2012, 33 (12): 1431 – 1451.

[104] Cannella A A, Jones C D, Withers M C. Family-versus lone-founder-controlled public corporations: Social identity theory and boards of directors [J]. Academy of Management Journal, 2015, 58 (2): 436 – 459.

[105] Carpenter Robert E, Steven M Fazzari, Bruce C Petersen. Financing constraints and inventory investment: A comparative study with high-frequency panel data [J]. Review of Economics and Statistics, 1998 (80): 513 – 519.

[106] Carter N M, Cullen J B. A comparison of centralizationl decentralization of decision making concepts and measures [J]. Journal of Management, 1984, 10 (2): 259 – 268.

[107] Chang E C, Wong S M L. Political control and performance in China's listed firms [J]. Journal of Comparative Economics, 2004, 32 (4): 617 – 636.

[108] Chen G, Crossland C, Huang S. Female board representation and corporate acquisition intensity [J]. Strategic Management Journal, 2014, 37 (2): 303 – 313.

[109] Chen G, Luo S, Tang Y, et al. Passing probation: Earnings management by interim CEOs and its effect on their promotion prospects [J]. Academy of Management Journal, 2015, 58 (5): 1389 – 1418.

[110] Chen T, Harford J, Lin C. Do analysts matter for governance? Evidence

from natural experiments [J]. Journal of Financial Economics, 2015, 115 (2): 383 –410.

[111] Chen X, Harford J, Li K. Monitoring: Which institutions matter? [J]. Journal of Financial Economics, 2007, 86 (2): 279 –305.

[112] Chizema A, Liu X, Lu J, et al. Politically connected boards and top executive pay in Chinese listed firms [J]. Strategic Management Journal, 2015, 36 (6): 890 –906.

[113] Choi N, Fedenia M, Skiba H, et al. Portfolio concentration and performance of institutional investors worldwide [J]. Journal of Financial Economics, 2017, 123 (1): 189 –208.

[114] Cioffi J W, Höpner M. The political paradox of finance capitalism: Interests, preferences, and center-left party politics in corporate governance reform [J]. Politics & Society, 2006, 34 (4): 463 –502.

[115] Cobb J A. How firms shape income inequality: Stakeholder power, executive decision making, and the structuring of employment relationships [J]. Academy of Management Review, 2016, 41 (2): 324 –348.

[116] Cohen A, Wang C C Y. How do staggered boards affect shareholder value? Evidence from a natural experiment [J]. Journal of Financial Economics, 2013, 110 (3): 627 –641.

[117] Cowen A P, King A W, Marcel J J. CEO severance agreements: A theoretical examination and research agenda [J]. Academy of Management Review, 2016, 41 (1): 151 –169.

[118] Cowen A P, Marcel J J. Damaged goods: Board decisions to dismiss reputationally compromised directors [J]. Academy of Management Journal, 2011, 54 (3): 509 –527.

[119] Crilly D, Sloan P. Enterprise logic: Explaining corporate attention to stake-

holders from the "inside-out" [J]. Strategic Management Journal, 2012, 33 (10): 1174 – 1193.

[120] Cuñat V, Gine M, Guadalupe M. The vote is cast: The effect of corporate governance on shareholder value [J]. The Journal of Finance, 2012, 67 (5): 1943 – 1977.

[121] David P, O'Brien J P, Yoshikawa T, et al. Do shareholders or stakeholders appropriate the rents from corporate diversification? The influence of ownership structure [J]. Academy of Management Journal, 2010, 53 (3): 636 – 654.

[122] Desai V M. The behavioral theory of the (governed) firm: Corporate board influences on organizations' responses to performance shortfalls [J]. Academy of Management Journal, 2016, 59 (3): 860 – 879.

[123] Desender K A, Aguilera R V, Crespi R, et al. When does ownership matter? Board characteristics and behavior [J]. Strategic Management Journal, 2013, 34 (7): 823 – 842.

[124] Desender K A, Aguilera R V, Lópezpuertas-Lamy M, et al. A clash of governance logics: Foreign ownership and board monitoring [J]. Strategic Management Journal, 2014, 37 (2): 349 – 369.

[125] Donaldson T. The epistemic fault line in corporate governance [J]. Academy of Management Review, 2012, 37 (2): 256 – 271.

[126] Faleye O, Hoitash R, Hoitash U. The costs of intense board monitoring [J]. Journal of Financial Economics, 2011, 101 (1): 160 – 181.

[127] Feldman E R. Dual directors and the governance of corporate spinoffs [J]. Academy of Management Journal, 2016, 59 (5): 1754 – 1776.

[128] Feldman E R. Managerial compensation and corporate spinoffs [J]. Strategic Management Journal, 2015, 37 (10): 2011 – 2030.

[129] Fich E M, Shivdasani A. Financial fraud, director reputation, and shareholder wealth [J]. Journal of Financial Economics, 2007, 86 (2): 306 – 336.

[130] Filatotchev I, Dotsenko O. Shareholder activism in the UK: Types of activists, forms of activism, and their impact on a target's performance [J]. Journal of Management & Governance, 2015 (19): 5 – 24.

[131] Focke F, Maug E, Niessen-Ruenzi A. The impact of firm prestige on executive compensation [J]. Journal of Financial Economics, 2016, 123 (2): 313 – 336.

[132] Fracassi C, Tate G. External networking and internal firm governance [J]. The Journal of finance, 2012, 67 (1): 153 – 194.

[133] Garg S. Venture boards: Distinctive monitoring and implications for firm performance [J]. Academy of Management Review, 2013, 38 (1): 90 – 108.

[134] Geletkanycz M A, Boyd B K. CEO outside directorships and firm performance: A reconciliation of agency and embeddedness views [J]. Academy of Management Journal, 2011, 54 (2): 335 – 352.

[135] Giroud X, Mueller H M. Corporate governance, product market competition, and equity prices [J]. The Journal of Finance, 2011, 66 (2): 563 – 600.

[136] Gomulya D, Boeker W. Reassessing board member allegiance: CEO replacement following financial misconduct [J]. Strategic Management Journal, 2015, 37 (9): 1898 – 1918.

[137] Goranova M, Abouk R, Nystrom P C, et al. Corporate governance antecedents to shareholder activism: A zero-inflated process [J]. Strategic Management Journal, 2016, 38 (2): 415 – 435.

[138] Goranova M, Dharwadkar R, Brandes P. Owners on both sides of the deal:

Mergers and acquisitions and overlapping institutional ownership [J]. Strategic Management Journal, 2010, 31 (10): 1114 –1135.

[139] Gore A K, Matsunaga S, Eric Yeung P. The role of technical expertise in firm governance structure: Evidence from chief financial officer contractual incentives [J]. Strategic Management Journal, 2011, 32 (7): 771 –786.

[140] Granovetter Mark S. Economic action and social structure: The problem of embeddedness [J]. American Journal of Sociology, 1985 (91): 481 –510.

[141] Guerrero Sylvie, Lapalme Marie-Ève, Herrbach Olivier, et al. Board member monitoring behaviors in credit unions: The role of conscientiousness and identification with shareholders [J]. Corporate Governance: An International Review, 2017 (25): 134 –144.

[142] Guillén M F, Capron L. State capacity, minority shareholder protections, and stock market development [J]. Administrative Science Quarterly, 2015, 61 (1): 125 –160.

[143] Gupta A K, Govindarajan V. Knowledge flows and the structure of control within multinational corporations [J]. The Academy of Management Review, 1991, 16 (4): 768 –792.

[144] Gupta A, Wowak A J. The elephant (or donkey) in the boardroom how board political ideology affects CEO pay [J]. Administrative Science Quarterly, 2016, 62 (1): 1 –30.

[145] Guthrie K, Sokolowsky J, Wankamm. CEO compensation and board structure revisited [J]. The Journal of Finance, 2012, 67 (3): 1149 –1168.

[146] Haveman H A, Jia N, Shi J, et al. The dynamics of political embeddedness in China [J]. Administrative Science Quarterly, 2016, 62 (1): 67 –104.

[147] He J, Huang Z. Board informal hierarchy and firm financial performance:

Exploring a tacit structure guiding boardroom interactions [J]. Academy of Management Journal, 2011, 54 (6): 1119 – 1139.

[148] Henisz W J, Dorobantu S, Nartey L J. Spinning gold: The financial returns to stakeholder engagement [J]. Strategic Management Journal, 2014, 35 (12): 1727 – 1748.

[149] Hermalin B E, Weisbach M S. Information disclosure and corporate govern- ance [J]. The Journal of Finance, 2012, 67 (1): 195 – 233.

[150] Höpner Martin. Corporate Governance Reform and the German Party Paradox [J]. Comparative Politics, 2007, 39 (4): 401 – 420.

[151] J B Heaton. Managerial optimism and corporate finance [J]. Financial Management, 2002, 31 (2).

[152] Jenter D, Lewellen K. CEO preferences and acquisitions [J]. The Journal of Finance, 2015, 70 (6): 2813 – 2852.

[153] Johnson R A, Schnatterly K, Johnson S G, et al. Institutional investors and institutional environment: A comparative analysis and review [J]. Journal of Management Studies, 2010, 47 (8): 1590 – 1613.

[154] Johnson S G, Schnatterly K, Hill A D. Board composition beyond inde- pendence: Social capital, human capital, and demographics [J]. Jour- nal of Management, 2013, 39 (1): 232 – 262.

[155] Judge W Q, Witt M A, Zattoni A, et al. Corporate governance and IPO underpricing in a cross-national sample: A multilevel knowledge-based view [J]. Strategic Management Journal, 2015, 36 (8): 1174 – 1185.

[156] Kacperczyk A. With greater power comes greater responsibility? Takeover protection and corporate attention to stakeholders [J]. Strategic Manage- ment Journal, 2009, 30 (3): 261 – 285.

[157] Kang E, Kroll M. Deciding who will rule: Examining the influence of out-

side noncore directors on executive entrenchment [J]. Organization Science, 2013, 25 (6): 1662 – 1683.

[158] Kaplan Steven N, Sensoy Berk A, Strömberg Per. What are Firms? Evolution from Birth to Public Companies [J]. SIFR Research Report Series 36, Institute for Financial Research, 2005.

[159] Keil T, Maula M, Schildt H, et al. The effect of governance modes and relatedness of external business development activities on innovative performance [J]. Strategic Management Journal, 2008, 29 (8): 895 –907.

[160] Khanna V, Kim E, Lu Y. CEO connectedness and corporate fraud [J]. The Journal of Finance, 2015, 70 (3): 1203 – 1252.

[161] Kim E H, Lu Y. CEO ownership, external governance, and risk-taking [J]. Journal of Financial Economics, 2011, 102 (2): 272 – 292.

[162] Kini O, Kracaw W, Mian S. The nature of discipline by corporate takeovers [J]. The Journal of Finance, 2004, 59 (4): 1511 – 1552.

[163] Kivleniece I, Quelin B V. Creating and capturing value in public-private ties: A private actor's perspective [J]. Academy of Management Review, 2012, 37 (2): 272 – 299.

[164] Kor Y Y, Misangyi V F. Outside directors' industry-specific experience and firms' liability of newness [J]. Strategic Management Journal, 2008, 29 (12): 1345 – 1355.

[165] Krause R. Being the CEO's boss: An examination of board chair orientations [J]. Strategic Management Journal, 2016, 38 (3): 697 – 713.

[166] Krause R, Semadeni M. Apprentice, departure, and demotion: An examination of the three types of CEO-board chair separation [J]. Academy of Management Journal, 2013, 56 (3): 805 – 826.

[167] Krause R, Semadeni M, Cannella A A. CEO duality: A review and research

agenda [J]. Journal of Management, 2014, 40 (1): 256 – 286.

[168] Krause R, Semadeni M, Cannella A A. External COO/presidents as expert directors: A new look at the service role of boards [J]. Strategic Management Journal, 2013, 34 (13): 1628 – 1641.

[169] Krause R, Semadeni M. Last dance or second chance? Firm performance, CEO career horizon, and the separation of board leadership roles [J]. Strategic Management Journal, 2014, 35 (6): 808 – 825.

[170] Kumar Praveen, Zattoni Alessandro. Board monitoring and effectiveness: Antecedents and Implications [J]. Corporate Governance: An International Review, 2017 (25) 76 – 77.

[171] Lan L L, Heracleous L. Rethinking agency theory: The view from law [J]. Academy of Management Review, 2010, 35 (2): 294 – 314.

[172] La Porta R, Lopez-de-Silanes F, Shleifer A, et al. Law and finance [J]. Journal of Political Economy, 1998, 106 (6).

[173] Lauterbach Beni, Pajuste Anete. The media and firm reputation roles in corporate governance improvements: Lessons from European dual class share unifications [J]. Corporate Governance: An International Review, 2017, 25 (1): 4 – 19.

[174] Lester R H, Hillman A, Zardkoohi A, et al. Former government officials as outside directors: The role of human and social capital [J]. Academy of Management Journal, 2008, 51 (5): 999 – 1013.

[175] Levit D, Malenko N. Nonbinding voting for shareholder proposals [J]. The Journal of Finance, 2011, 66 (5): 1579 – 1614.

[176] Levit D, Malenko N. The labor market for directors and externalities in corporate governance [J]. The Journal of Finance, 2015, 71 (2): 775 – 808.

[177] Li J, Qian C. Principal-principal conflicts under weak institutions: A study

of corporate takeovers in China [J]. Strategic Management Journal, 2013, 34 (4): 498 –508.

[178] Luo X, Wang D, Zhang J. Whose call to answer: Institutional complexity and firms' CSR reporting [J]. Academy of Management Journal, 2017, 60 (1): 321 –344.

[179] Luo, Yadong. Corporate governance and accountability in multinational enterprises: Concepts and agenda [J]. Journal of International Management, 2005 (11): 1 –18.

[180] Luo, Yadong. How does globalization affect corporate governance and accountability? An perspective from MNEs [J]. Journal of International Management, 2005 (11): 19 –41

[181] Luo, Yadong. Special issue: Corporate governance and accountability in multinational enterprises [J]. Journal of International Management, 2003, 9 (3): 351 –353.

[182] Luo Y. Contract, cooperation, and performance in international joint ventures [J]. Strategic Management Journal, 2002, 23 (10): 903 –919.

[183] Luo Y. Industrial dynamics and managerial networking in an emerging market: The case of China [J]. Strategic Management Journal, 2003, 24 (13): 1315 –1327.

[184] Macher J T, Mayo J W. Influencing public policymaking: Firm-, industry-, and country-level determinants [J]. Strategic Management Journal, 2015, 36 (13): 2021 –2038.

[185] Ma J, Khanna T. Independent directors' dissent on boards: Evidence from listed companies in China [J]. Strategic Management Journal, 2015, 37 (8): 1547 –1557.

[186] Malcolm Baker, Jeremy C Stein, Jeffrey Wurgler. When does the market

matter? Stock prices and the investment of equity-dependent firms [J]. The Quarterly Journal of Economics, 2003, 118 (3): 969 – 1005.

[187] Malmendier U, Tate G. CEO overconfidence and corporate investment [J]. The Journal of Finance, 2005, 60 (6): 2661 – 2700.

[188] Markus Glaser, Martin Weber. Why inexperienced investors do not learn: They do not know their past portfolio performance [J]. Finance Research Letters, 2007, 4 (4): 203 – 216.

[189] Megginson W L, Netter J M. From state to market: A survey of empirical studies on privatization [J]. Journal of Economic Literature, 2001, 39 (2): 321 – 389.

[190] Myers Stewart C. Determinants of corporate borrowing [J]. Journal of Financial Economics, 1977 (5): 147 – 175.

[191] Nyberg A J, Fulmer I S, Gerhart B, et al. Agency theory revisited: CEO return and shareholder interest alignment [J]. Academy of Management Journal, 2010, 53 (5): 1029 – 1049.

[192] Oehmichen J, Schrapp S, Wolff M. Who needs experts most? Board industry expertise and strategic change—A contingency perspective [J]. Strategic Management Journal, 2016, 38 (3): 645 – 656.

[193] Okhmatovskiy I, David R J. Setting your own standards: Internal corporate governance codes as a response to institutional pressure [J]. Organization Science, 2012, 23 (1): 155 – 176.

[194] Okhmatovskiy I. Performance implications of ties to the government and SOEs: A political embeddedness perspective [J]. Journal of Management Studies, 2010, 47 (6): 1020 – 1047.

[195] Olbrich M, Nikolis A E, Rapp D J. et al. Do political parties play dirty in the discussion on gender balanced boards? Evidence from Germany [J].

Schmalenbach Bus Review, 2016 (17): 361 –399.

[196] Park S H, Westphal J D. Social discrimination in the corporate elite: How status affects the propensity for minority CEOs to receive blame for low firm performance [J]. Administrative Science Quarterly, 2013, 58 (4): 542 –586.

[197] Patel Pankaj C, Danielle Cooper. Structural Power Equality between Family and Non-Family TMT Members and the Performance of Family Firms [J]. Academy of Management Journal, 2014 (57): 1624 –1649.

[198] Peng Mike W, Sunny Li Sun, Lívia Markóczy. Human capital and CEO compensation during institutional transition [J]. Journal of Management Studies, 2015, 52 (1): 117 –147.

[199] Peng M W. Institutional transitions and strategic choices [J]. Academy of Management Review, 2003, 28 (2): 275 –296.

[200] Peng M W, Luo Y. Managerial ties and firm performance in a transition economy: The nature of a micro-macro link [J]. Academy of Management Journal, 2000, 43 (3): 486 –501.

[201] Peng M W. The resource-based view and international business [J]. Journal of Management, 2001, 27 (6): 803 –829.

[202] Polk C, Sapienza P. The stock market and corporate investment: A test of catering theory [J]. The Review of Financial Studies, 2009, 22 (1): 187 –217.

[203] Quigley T J, Hambrick D C. When the former CEO stays on as board chair: Effects on successor discretion, strategic change, and performance [J]. Strategic Management Journal, 2012, 33 (7): 834 –859.

[204] Rediker K J, Seth A. Boards of directors and substitution effects of alternative governance mechanisms [J]. Strategic Management Journal, 1995, 16 (2): 85 –99.

[205] Reuer J J, Tong T W, Tyler B B, et al. Executive preferences for govern-
ance modes and exchange partners: An information economics perspective
[J]. Strategic Management Journal, 2013, 34 (9): 1104 – 1122.

[206] Richardson Scott. Over-investment of free cash flow [J]. Review of Ac-
counting Studies, 2006 (11): 159 – 189.

[207] Rousseau Peter L, Sheng Xiao. Change of control and the success of China's
share issue privatization [J]. Behavioral Economics, 2007, 25 (1): 58 – 74.

[208] Sauerwald S, Lin Z J, Peng M W. Board social capital and excess CEO re-
turns [J]. Strategic Management Journal, 2014, 37 (3): 498 – 520.

[209] Schnatterly K, Johnson S G. Independent boards and the institutional inves-
tors that prefer them: Drivers of institutional investor heterogeneity in gov-
ernance preferences [J]. Strategic Management Journal, 2014, 35 (10):
1552 – 1563.

[210] Seo J, Gamache D L, Devers C E, et al. The role of CEO relative standing
in acquisition behavior and CEO pay [J]. Strategic Management Journal,
2015, 36 (12): 1877 – 1894.

[211] Steven Kaplan, Luigi Zingales. Do investment-cash flow sensitivities provide
useful measures of financing constraints? [J]. The Quarterly Journal of
Economics, 1997, 112 (1): 169 – 215.

[212] Suchard J A. The impact of venture capital backing on the corporate govern-
ance of Australian initial public offerings [J]. Journal of Banking and Fi-
nance, 2009, 33 (4): 765 – 774.

[213] Takeo Hoshi, Anil Kashyap, David Scharfstein. Corporate structure, liq-
uidity, and investment: Evidence from Japanese industrial groups [J].
The Quarterly Journal of Economics, 1991, 106 (1): 33 – 60.

[214] Tinsley Howard E A, Diane J Tinsley. Uses of factor analysis in counseling

psychology research [J]. Journal of Counseling Psychology, 1987 (34): 414 – 424.

[215] Westphal J D, Graebner M E. A matter of appearances: How corporate leaders manage the impressions of financial analysts about the conduct of their boards [J]. Academy of Management Journal, 2010, 53 (1): 15 – 44.

[216] Westphal J D, Park S H, McDonald M L, et al. Helping other CEOs avoid bad press social exchange and impression management support among CEOs in communications with journalists [J]. Administrative Science Quarterly, 2012, 57 (2): 217 – 268.

[217] Westphal J D, Stern I. The other pathway to the boardroom: Interpersonal influence behavior as a substitute for elite credentials and majority status in obtaining board appointments [J]. Administrative Science Quarterly, 2006, 51 (2): 169 – 204.

[218] Wiersema M F, Zhang Y. CEO dismissal: The role of investment analysts [J]. Strategic Management Journal, 2011, 32 (11): 1161 – 1182.

[219] Yang H, Zheng Y, Zaheer A. Asymmetric learning capabilities and stock market returns [J]. Academy of Management Journal, 2015, 58 (2): 356 – 374.

[220] Zhang P. Board information and strategic tasks performance [J]. Corporate Governance: An International Review, 2010, 18 (5): 473 – 487.

[221] Zhang Y, Rajagopalan N. Once an outsider, always an outsider? CEO origin, strategic change, and firm performance [J]. Strategic Management Journal, 2010, 31 (3): 334 – 346.

[222] Zhang Y, Waldman D A, Han Y L, et al. Paradoxical leader behaviors in people management: Antecedents and consequences [J]. Academy of Management Journal, 2015, 58 (2): 538 – 566.

[223] Zhang Y, Wiersema M F. Stock market reaction to CEO certification: The signaling role of CEO background [J]. Strategic Management Journal, 2009: 693 –710.

[224] Zhu D H, Chen G. CEO narcissism and the impact of prior board experience on corporate strategy [J]. Administrative Science Quarterly, 2015, 60 (1): 31 –65.

[225] Zhu D H, Chen G. Narcissism, director selection, and risk-taking spending [J]. Strategic Management Journal, 2015, 36 (13): 2075 –2098.

[226] Zhu D H. Group polarization on corporate boards: Theory and evidence on board decisions about acquisition premiums [J]. Strategic Management Journal, 2013, 34 (7): 800 –822.

[227] Zhu D H, Shen W. Why do some outside successions fare better than others? The role of outside CEOs' prior experience with board diversity [J]. Strategic Management Journal, 2016, 37 (13): 2695 –2708.

[228] Zhu D H, Westphal J D. How directors' prior experience with other demographically similar CEOs affects their appointments onto corporate boards and the consequences for CEO compensation [J]. Academy of Management Journal, 2014, 57 (3): 791 –813.

附　　录

"混改背景下国有企业决策权配置与投资决策研究"
调查问卷

您好：

　　这份问卷是"混改背景下国有企业决策权配置与投资决策研究"的调查研究项目，由该项目课题组组织发放问卷。调查的目的是了解国有企业决策权配置模式的测度与评价问题，为后续问题研究提供科学依据。课题组将对调查内容严格保密，未经同意不会对外公布和泄露您个人的相关信息。此问卷请您如实填写，答卷完成后由本课题组负责收回。

　　一、基本情况

　　1. 您对国有企业混合所有制改革问题是否了解？

　　（1）是　　　　（2）否

　　2. 您的职业是（　　　）。

　　3. 您的受教育程度是（　　　）。

　　（1）本科以下；（2）本科；（3）硕士；（4）博士

　　4. 您的职称是（　　　）。

　　（1）无；（2）初级；（3）中级；（4）高级

　　5. 您在单位的职位是（　　　）。

　　（1）一般员工；（2）基层负责人；（3）中层负责人；（4）主要管理者

二、相关问题

（1）董事会中行政官员比例越高，决策过程受行政干预的可能性越大。

□非常同意　　□比较同意　　□同意　　□比较不同意　　□非常不同意

（2）监事会中行政官员比例越高，决策过程受行政干预的可能性越大。

□非常同意　　□比较同意　　□同意　　□比较不同意　　□非常不同意

（3）高管层中行政官员比例越高，决策过程受行政干预的可能性越大。

□非常同意　　□比较同意　　□同意　　□比较不同意　　□非常不同意

（4）当党委书记兼任董事长时，决策过程受行政干预的可能性越大。

□非常同意　　□比较同意　　□同意　　□比较不同意　　□非常不同意

（5）董事长或总经理由政府委派时，决策过程受行政干预的可能性越大。

□非常同意　　□比较同意　　□同意　　□比较不同意　　□非常不同意

（6）董事持股比例越高，越关心企业的经营绩效。

□非常同意　　□比较同意　　□同意　　□比较不同意　　□非常不同意

（7）独立董事比例越高，企业越重视经济目标的实现。

□非常同意　　□比较同意　　□同意　　□比较不同意　　□非常不同意

（8）经济型董事比例越高，企业越重视经济目标的实现。

□非常同意　　□比较同意　　□同意　　□比较不同意　　□非常不同意

（9）总经理兼任董事长时权力更大。

□非常同意　　□比较同意　　□同意　　□比较不同意　　□非常不同意

（10）任期较长的总经理权威更高。

□非常同意　　□比较同意　　□同意　　□比较不同意　　□非常不同意

（11）地区制度环境约束性越少，总经理自主权越大。

□非常同意　　□比较同意　　□同意　　□比较不同意　　□非常不同意

（12）高管团队规模越大，公司决策的参与度越高。

□非常同意　　□比较同意　　□同意　　□比较不同意　　□非常不同意

（13）董事会会议次数越多，公司越重视决策参与。

☐非常同意　☐比较同意　☐同意　☐比较不同意　☐非常不同意

（14）董事会专业委员会设置越多，公司决策的参与度越高。

☐非常同意　☐比较同意　☐同意　☐比较不同意　☐非常不同意